소록도

소록도

기도로 하늘 보좌를 움직인
이 땅의 가장 작은 자들의
삶과 신앙 이야기

KIATS

◆ 일러두기 ◆

이 책이 나오기까지 도움을 주신 많은 분들에게 감사를 드린다. 아쉽게도 소록도 병원 측의 공식자료, 소록도 주민들의 경험과 기억, 그리고 지금까지 출간된 자료들 사이에 적지 않은 차이가 있다. 우리는 앞으로의 연구를 통해 이를 보완하고자 한다.

글의 순서

서론 ··· 7

눈물과 기도의 이야기 ··· 17

보리피리 ··· 57

윤일심의 소록도 통신 ··· 75

소록도 교회의 역사 ··· 97

에필로그 ··· 121

소록도 방송일지 ··· 129

참고문헌 ··· 139

서론

피로 얼룩진 믿음의 역사
−절망과 희망의 전환점에서

순교의 고난

'작은 사슴 섬'이라 일컫는 소록도!

소록도는 전라남도 고흥반도 녹동 항구 맞은편에 있는 천 년의 역사를 가진 섬이다. 고요한 섬은 썰물 때면 갯벌 가득 소라, 조개, 해삼 등으로 뒤덮여 섬 특유의 '바다 생명력'을 뿜어낸다. 계절마다 경치도 빼어나 봄이면 연산홍, 겨울이면 동백꽃으로 온 섬이 물들어 그 풍광이 아름답기로도 유명하다.

그러나 소록도의 아름다움 뒷면에는 질곡의 20세기 한반도 역사가 함께 하고 있다. 지난 백여 년 간의 뼈아픈 우리 근·현대사는 아픔과 절망, 배신과 분노, 환희와 기쁨이 교차했던 기독교 역사와도 그 맥을 같이 하고 있다.

소록도는 성도들의 눈물과 한숨, 고통과 피로 얼룩진 '신앙의 섬'이다. 또한 뿌리 깊은 신앙의 선조들이 승리의 역사를 일구어낸 '기도의 섬'이며, 소록도 교회는 전 세계에서 매년 수만 명의 사람이 찾아오는 한국 기독교의 성지이다.

1916년 일본에 의해 소록도에 병원이 세워진 이래 말할 수 없는 아픔들이 있었다. 특히 일제 강점기 후반의 신사참배 강요와 잔혹한 탄압은 마을과 교회에 가해진 엄청난 핍박이었다. 소록도 사람들은 온갖 강압적인 공사 현장에 내몰렸다.

병약한 성도들은 일에 지치고, 몽둥이와 채찍에 피멍이 들었다. 굶주림에 시달리면서도 예배에 참석하려던 형제들은 중노동 현장으로 끌려나가게 되어 예배를 방해받았다.

심지어 일본인들은 교회 안에 우상을 세우고 가마니 공장을 차려 일일 할당량을 정해 주었다. 이러한 억압에도 소록도 식구들은 일제의 만행을 눈물과 기도로 인내하며 신앙을 지켜냈다. 세상으로부터 늘 당해왔던 억압과 서러움이 이러한 일본의 만행을 이겨낼 '신앙 근육'을 길러주었는지 모른다.

일본은 물러갔지만, 해방 이후에도 성도들은 적지 않은 수난을 당했다. 1946년 소록도 초대담임으로 부임한 김정복 목사는 6·25 전쟁(한국 전쟁) 때 순교의 잔을 마셨다. 애양원의 손양원 목사와 한국교회의 미래를 꿈꾸던 그는 전쟁이 일어나자 도망을 가는 대신 기도에 더욱 힘썼다. 그 와중에 늘 찾아가 기도하던 '굴날뿌리 동굴'에서 북한군에 체포되어 순교의 제물이 되었다.

이처럼 한반도의 애잔한 역사와 맥을 같이 해온 소록도는 순교자의 피가 끊이지 않고 흐르는 동산이다.

5·16혁명 직후인 1962년 2월 부임한 김두영 목사는 성도들과 함께 2년 만에 소록도 안에 7개 교회를 세웠다. 오마도 간척사업이 진행되는 열악한 환경 가운데서 7만 원의 건축기금으로 시작한 교회 건축은 성도들의 기도와 헌신에 힘입어 성공과 은혜의 이야기를 만들어냈다. 이러한 영광 속에서 소록도는 한국의 그 어느 교회보다 더 확실하게 말씀 중심, 하나님 중심, 교회 중심의 신앙 동산을 만들게 되었던 것이다.

소록도 성도들의 기도

 이 아름다운 섬 소록도는 흰 사슴들이 동네마다 다니면서 성도들과 어울리는 평화로운 곳이다.

 소록도를 지켜주신 선조들의 신앙을 본받아 현재 다섯 곳의 교회에서 성도들이 성전을 가꾸고 있다. 형제들은 새벽 1시부터 기도의 불을 밝혀 밤새워 성전을 지킨다.

 매일 새벽 4시, 찬송 소리와 함께 소록도 성도들의 하루는 시작된다. 정오의 교회 종소리가 울리면 성도들은 일터와 길가에서 머리 숙여 국가와 교회를 위한 기도를 드린다. 나아가 선교사와 민족, 남북통일과 한국교회를 위해 일사각오—死覺悟의 정신으로 무릎을 꿇고 부르짖는다.

 성도들은 때로는 몸을 움직이는 것조차 벅차고 힘들다. 그래도 주님과 민족을 사랑하기 때문에 괴로운 몸을 이끌고 지팡이로 더듬어, 기쁜 마음으로 성전 문을 출입한다. 이른 새벽 조용히 눈을 감고 하나님을 만나는 시간, 하나님께로 향하는 묵상의 향연 가운데서 자신과 세계를 품고 기도한다.

 이들은 영광의 하늘 보좌 움직이며 응답받아 야곱의 사닥다리가 이 기도의 동산에서 하늘까지 이어지는 모습을 체험한다. 믿음의 성도들은 서로 사랑하며 아끼고 간구하며 부르짖는 사명을 믿음의 능력으로 감당해간다. 자신들을 돕고 후원하고 기도해 주는 소록도 밖의 교회와 성도들에 대하여 맞장구라도 치듯이, 소록도 성도들은 민족과 교회와 세상을 위해 기도한다. 소록도의 선배들이 모진 고통과 학대를 당하면서까지도 지켜낸 신앙을 오늘의 이곳 성도들은 기도 속에서 불태우고 있다.

소록도, 새로운 도전과 부흥의 실마리

100여 년 넘는 역사적 고난을 감내한 소록도 주민과 성도들은 아직도 깊은 상처를 지니고 있다. 외부인에게 쉽사리 열어젖힐 수 없는 수많은 이야기들을 여전히 가슴에 담고 있다. 그러나 소록도도 이제 많이 변하고 있다. 소록대교는 소록도를 외부와 더 쉽게 연결했다. 매년 수많은 방문객과 자원봉사자들이 소록도를 찾고 있다. 과거에 한센병을 앓았던 사람들도 사회 곳곳에서 자리매김하고 있다.

사실 소록도와 소록도 교회는 한국교회의 자산이다. 이곳은 온갖 슬픈 이야기 속에서도 다른 곳에서 쉽게 발견할 수 없는 신앙, 인간 승리의 유산과 보고를 고스란히 간직해 왔다. 100여 년의 역사를 통해 한국사회와 교회에 욥의 고난과 고난 극복의 이야기를 감동적으로 던져 주었다. 이들이 만난 하나님, 이들 속에서 역사하신 하나님의 능력과 기적 이야기는 이곳을 찾는 사람들의 심장을 강하게 두드리고 있다. 나아가 이 아픈 섬을 위로하러 온 수많은 사람들에게 오히려 삶과 신앙에 관한 근본적인 질문을 던져 주고 있다. 왜 사는가? 무엇 때문에 신앙을 갖는가? 신앙의 본질은 무엇이라 생각하는가? 오늘날 예수는 어디에, 누구와 함께 있으며, 우리가 어떻게 살기를 원하실까? 소록도는 이러한 물음을 통해 우리 자신들의 신앙적 삶을 다시금 성찰케 하는 것이다.

문제는 과거 100년의 소록도 유산을 어떻게 정리하여 후대에 전하느냐이다. 현재 소록도 주민들의 평균 나이는 70세가 넘는다. 게다가 한국에서 한센병이 더는 발생하지 않기 때문에 현실적으로 앞으로 소록도가 얼마나 더 유지될지는 모른다. 그러므로 살아 있는 전설들이 하나님의 부름을 받기 전에 소록도 유산을 하루 빨리 정리하여, 민족과 한국교회 나아가 세계시민에게 봉헌해야 한다. 소록도의 신앙유산은 한반도 동서를 통합시키고, 남북분단과 이질성을 허물 것이며 전 세계 한인 교포들도 하나로 묶어낼 힘을 가지고 있다. 2010년 런던 필하모니 오케스트라의 소록도 방문 연주를 통해 보듯이 소록도는 세계인의 마음을 움직일 만한 내적 역량과 감동적인 이야기가 있다. 이제 우리에게는 소록도 신앙유산을 충실히 정리하여 그 유산을 전세계와 나누는 것이 과제로 남아 있다.

책의 구성

이 책은 민족과 교회, 세계와의 신앙적 소통을 이루게 할 '소록도 신앙유산 보존화 작업'의 중요한 단초가 될 것이다. 원대한 사업의 시작이 될 이 책은 크게 네 부분으로 이루어졌다. 첫째는 소록도의 역사와 함께 전개된 신앙인들의 눈물과 기도를 담았다. 소록도 역사의 고비고비마다 신앙인들은 어떻게 반응해 왔는지를 서술했다. 둘째는 한센인과 소록도의 아픔과 절규를 담은 시문을 간추려 담았다. 소록도에서 오랫동안 불러온 노래, 소록도 내 전시 작품, 한하운 시인의 시 등을 수록했다. 셋째는 〈성서조선〉을 통해 일제 강점기 소록도 이야기를 생생하게 전달해준 윤일심의 이야기를 담았다. 윤일심은 소록도 내부의 일을 감동적인 글로 전달해 주었다. 넷

째로 천우열 전도사가 정리한 소록도 교회의 역사를 담았다. 이렇게 20세기 질곡의 한반도와 한국교회 역사를 반영한 가슴 저린 소록도 교회 이야기를 일목요연하게 실었다.

책 마지막에는 그동안 지상파를 통해 방송된 소록도 관련 자료들을 정리했다. 이 외에도 한센병에 관한 간략한 소개 및 소록도 자원봉사 정보를 담았다. 이러한 정보는 일반 독자들이 소록도를 더욱 잘 이해하는데 도움을 줄 것이다.

작은 기대

한국교회는 전 세계적으로 회자될 만한 독특한 신앙적인 유산과 가치를 지니고 있다. 그럼에도 한국교회는 최근 적지 않게 고전하고 있다. 가난의 진정한 의미와 가난한 자를 안고 기도하는 예수의 심정, 이 사회의 가장 작은 자들에게 내려가라 하신 예수의 가르침을 잃어버리고 있다.

이런 맥락에서 소록도 성도들의 눈물겨운 신앙 이야기와 희망의 기도는 한국 기독교와 민족에 새로운 도전으로 자리매김할 것이다. 순교자들의 피의 대가로 세워진 소록도 교회, 온갖 억압과 박해를 뚫고 솟아난 신앙유산, 부자유스러운 육신을 뛰어넘고 균등한 기도의 기회를 얻어 하나님의 마음을 자유롭게 오가는 소록도 성도들의 새벽기도, 그 해맑은 미소와 찬송소리에는 진정 한국교회와 세계교회를 일깨우는 부흥의 힘이 있다. 소록도 성도들의 기도와 찬송소리를 통해 갈릴리의 희망과 가슴 벅찬 도전을 느끼기를 소망한다.

박주천, 소록도연합교회 전 담임목사

눈물과 기도의 이야기

❋ 천벌이라면 가혹하오 -경계선과 수탄장-

 1950·60년대 소록도에는 '경계선'이 있었다. 직원들이 머무는 '무독지대無毒地帶'와 한센인들이 머무는 병사病舍가 있는 '유독지대有毒地帶'의 경계선 위로 약 2km에 걸쳐 아카시아나무를 심고 철조망을 설치했다. 오직 여기를 통해서만 양쪽을 오갈 수 있었고 감시소에서는 출입을 철통같이 통제했다.

 한센인들은 이곳을 통해서만 외부에서 온 방문객을 만났다. 직원지대에 머물고 있던 미감아들도 오직 이 경계선에서만 부모들을 만날 수 있었다. 소록도에 들어온 이들 중 부부의 연을 맺는 경우가 많았다. 한센병은 유전이 아니었지만 사람들은 이들 사이에서 태어난 아이를 '아직 병이 발병하지 않은 아이'이란 뜻으로 미감아未感兒라고 불렀다. 그렇게 본다면 한센병에 걸리지 않은 이 땅의 모든 아이들은 모두 미감아였다. 초창기에는 아이들이 다섯 살이 될 때까지 부모가 직접 키우기도 했는데, 일반적으로 아이들은 태어나자마자 부모들과 떨어져 경계선 너머의 직원지대에서 키워지게 되어 있다. 부모를 떠나 처음으로 가는 곳은 미감아 수용소, 소록도 밖 세상에서는 탁아소나 유치원이라 불렸을 곳이다.

1960년대 초 소록도의 미감아동은 300명에 달했으나 국가는 이 아이들에게 호적을 부여하지 않았다. 때문에 기본교육조차 제공받을 수 없었고 보육과 여직원 한 명이 '가나다라' 정도만 가르칠 뿐이었다. 병사지대에는 녹산국민학교가 있었고, 직원지대에는 소록도국민학교가 있었지만 미감아동들이 갈 수 있는 학교는 어디에도 없었다.

이 아이들을 위해 광주 대교구의 까리따스 수녀원에서 4명의 수녀를 보내 주어, 수녀들의 교육 속에서 한 아이는 후에 대전교구에서 사제서품을 받기도 했다. 하지만, 어느 세상이건 아이들에게 가장 좋은 선생님이자 친구는 부모일 것이다. 소록도에서 한센인 부모와 미감아인 자식들은 한 달에 한 번만 만날 수 있었다. 바로 '경계선' 위에서였다. 부모와 아이는 경계선 도로에서 동의한 '5미터'의 간격을 두고 양옆으로 줄지어 서서 침묵 가운데 반대편의 서로를 그저 바라보아야만 했다. 5미터란 한센인들이 일반인을 만나면 의례 떨어져 앉는 '안전 거리'를 의미한다. 바람을 통한 전염을 막기 위해 아이들은 바람을 등지어 서고, 부모들은 바람을 안고 서 있어야 했다. 가까이 다가갈 수도, 만질 수도 없는 이 애타는 만남에, 경계선에는 한숨과 탄식만이 가득 찼다. 면회시간이 끝날 때면 아이들은 울음을 터뜨리며 부모와 떨어지지 않으려고 발버둥을 쳤다. 이런 면회장소를 사람들은 수탄장愁嘆場이라고 불렀다. 그래도 이 짧은 만남의 수탄장에서 부모는 그동안 꼬깃꼬깃 모아둔 돈을 아이들에게 건내고, 아이들은 자잘한 문제를 털어놓았다.

태어나자마자 부모들과 격리되어 헤어진 아이들은 다른 곳으로 입양되거나 성장 후 육지로 나가서 생활했다. 물론 부모를 만나기 위해 당당하게 다시 소록도를 찾는 이들도 있었지만, 부모가 자식들의 생사를 알지 못하는 경우가 부지기수였다.

경계선

천벌이라면 가혹하오, 인위라면 가증스럽소
누가 만든 죄이길래 사할 길 없어
눈물이 자욱 자욱 맺어진 선을 두고
몇 천 번 울고 울어도 지울 수 없어
조상도 없는 이방인이 되어…….

〈성하〉 (1959)

🌸 소나무만도 못한 생명 -단종대와 감금실-

한국이 일제의 억압 아래에 있던 때, 소록도라고 그 역사의 굴레를 벗어날 수 있었겠는가? 1937년 일본은 중국과 전쟁을 시작하면서 모든 물적·인적자원을 전쟁에 투입하였다. 그 때문에 소록도 식량 배급과 노임 등이 현격히 감소하여, 배고픔에 시달리게 된 주민들은 탈출을 시도하기도 했다. 연일 지속되는 소록도 확장공사에 사람들은 지쳐만 갔고 불만이 쏟아졌다. 그러던 중 마침내 주민들이 일본인 관리를 구타하는 일이 벌어져, 한센인들에 대한 일본인 관리들의 감시와 강압은 더욱 거세져만 갔다.

당시 4대 원장으로 있던 수호 원장은 '일본인이 만든 세계 제일의 한센인 수용소 확립'이라는 기치 아래 소록도 병원 및 시설 확장에 사활을 걸었다. 조금이라도 몸을 움직일 수 있는 한센인들은 모두 벽돌을 만들었고, 돌과 목재를 옮기며 일본인 관리의 명령 아래 움직여야 했다. 그리고 이들을 관리하며 절대 권력을 부리는 이들이 있었으니 바로 간호주임이었다.

관리의 대부분은 경찰관 출신 일본인들이었는데, 사또(佐藤三大治)라는 인물은 수호 원장의 심복으로 악명을 떨쳤다. 그에게 잘못 보이면 맞는 건 물론이고 약조차 얻을 수 없었다. 주민들 사이에서 '샛바람이 불었다'라는 말은 '사또가 온다'라는 뜻이어서, 사또의 인기척이라도 들리면 쉬다가도 얼른 일하는 척했다고 한다.

어느 날 남생리에 살고 있는 이동(李東)이라는 청년이 사또에게 작업을 할당받았는데, 벽돌 재료인 원토를 채취하는 작업장에 서 있는 소나무 두 그루를 옮겨 심으라고 했다. 그런데 갑자기 그가 살고 있는 병사에 위급한 환자가 발생했다는 이야기를 들었다. 이곳 사람들은 제때 치료를 받지 못하면 생명까지 위험해 질 수 있기 때문에 그는 일단 환자를 업고 치료본관까지 갔다 왔다. 그 탓에 사또가 시킨 일을 까맣게 잊어버리고 말았다.

  다음날 사또의 호출을 받고 작업장으로 간 이동은 '소나무 만도 못한 생명'이라는 등 갖은 욕설을 들으며 두들겨 맞다가 감금실에 갇혔다. 그리고 소나무 두 그루를 옮기지 않았다는 이유로 감금실에 갇힌 그는 그곳을 나오는 날, 단종대 위에 누워 정관수술을 받았다.

  어쩌면 그는 감금실에 갇혔었기에 어쩌면 죽지 않고 살아 나온 것 만으로도 감사해야 하는 처지였는지도 모른다. 비단 이동뿐만 아니라 감금실에 갇힌 남자들은 단종수술을 받아야만 그곳을 나올 수가 있었다.

  처음에 사람들은 한센병이 유전이라고 생각했다. 그러므로 소록도 내에서 부부가 되려면 우선 단종수술을 받아야 했다. 이렇듯 유전 방지 차원에서 시행되었던 단종수술이, 1936년부터는 감금실을 나오기 위한 강제 시술 행위로 바뀌었다. 억울한 사연으로 갇힌 이들은 자신의 의지와 상관없이 수술대 위에 누워야만 했던 것이다.

단종대

그 옛날 나의 사춘기에 꿈꾸던
사랑의 꿈은 깨어지고
여기 나의 25세 젊음을
파멸해 가는 수술대 위에서
내 청춘을 통곡하며 누워 있노라.
장래 손자를 보겠다던 어머니의 모습
내 수술대 위에서 가물거린다
정관을 차단하는 차가운 '메스'가
내 국부에 닿을 때

모래알처럼 번성하라던
신의 섭리를 역행하는 메스를 보고
지하의 히포크라테스는
오늘도 통곡한다

-이동-

감금실은 공포 그 자체였다. 1935년 붉은 벽돌 H형 구조로 만들어진 건물은 소록도 사람들의 인권이 짓밟히던 곳이었다. 그들 손으로 만들고 구운 붉은 벽돌로 높이 둘려진 담을 따라 들어가면 작은 방들이 줄지어 있다. 방

안에서 보이는 바깥 세상은 문 앞을 막고 있는 통로 벽, 그리고 쇠창살이었다. 방의 한쪽 마룻바닥을 들면 변기가 있다. 바람조차 통하지 않는 그곳에 사람들은 적법한 절차 따위는 고사하고 어떠한 변론의 기회조차 갖지 못하고 갇혔다. 감금실 마당 돌틈 사이로 난 작은 풀도 살아보고자 고개를 쳐드는데, 그 안에서는 그처럼 '슬픈 공포와 때로는 죽음으로의 억압'이 벌어지고 있었던 것이다.

감금실

아무리 죄가 없어도 불문곡직하고 가두어 놓고
왜 말까지 못하게 하고 어째서 밥도 안 주느냐
억울한 호소는 들을 자가 없으니
무릎을 꿇고 주께 호소하기를
주의 말씀에 따라 내가 참아야 될 줄 아옵니다.

내가 불신자였다면 이 생명 가치 없을 바에는
분노를 기어이 폭발시킬 것이오나
주로 인해 내가 참아야 될 줄 아옵니다.
이 속에서 신경통으로 무지한 고통을 당할 때

하도 괴로워서 이불 껍질을 뜯어
목매달아 죽으려 했지만
내 주의 위로하시는 은혜로
참고 살아온 것을 주께 감사하나이다.

저희들은 반성문을 쓰라고 날마다 요구 받았어도
양심을 속이는 반성문을 쓸 수가 없었노라.

-김정균-

✤ 또덕이와 이길용, 이춘상

 매월 1일과 15일 사람들은 신사 앞으로 모였다. 신사참배를 하기 위해서였다. 우리나라 풍습의 신도 아닌, 일본인들이 모시는 신 앞에 참배해야 하는 것에 사람들은 쉽게 동화될 수 없었다. 종교를 가진 자들의 거부는 더욱 심하였다. 신사참배로 인한 갈등은 소록도 안이나 밖이나 모두 똑같았다. 육지에서도 목사들이 감옥에 끌려가고 고문당했는데 이곳이라고 달랐겠는가? 신사참배를 거부할수록 사람들은 얻어맞고 고문을 당했다. 그러면서도 이들은 서로를 격려하며 지내왔다.

그런데 매월 20일에 또 모이라는 지시가 내려왔다. 새로 세워진 수호 원장 동상 앞에서 은혜에 감사하는 마음으로 참배하는 '보은감사일'이 새로 정해진 것이었다. 배급량은 줄어들고 노역조차 참여할 수 없는 한센인들은 적은 식량으로 힘겹게 살고 있었다. 그런 상황에서 매월 1일·15일-신사참배일, 20일-보은감사일을 지내야 했고, 애국반 회의, 시국강연회 등등에 불려 다녀야 했으니 고된 몸은 제대로 쉴 수 없었다. 구역별로 할당된 벽돌 굽기, 가마니 짜기, 송진 따기, 숯 굽기, 토끼가죽 제조는 간호주임 감시 아래 탈없이 진행되어야만 했다. 그런 상황에서 불평불만은 물론 웃고 떠들며 지낸다는 것은 딴 세상 이야기였다.

이러한 소록도인들에게 그나마 한줄기 웃음을 주는 이가 있었는데 그가 소록도 광대 또덕이, 박또덕이었다. 그는 허리는 구부정하여 고향이 어딘지, 부모가 누구인지도 모르는 바보였다. 구북리에 살면서 작은 잔칫상이라도 차려지는 곳이면 구부정구부정 걸어와 사람들도 웃겨주고 밥도 얻어먹었다. 또덕이가 주로 흉내 내는 것은 수호 원장이었다. 원장의 훈화 흉내도 내고 유행하는 고고춤도 추고 옷도 홀렁홀렁 벗으니, 또덕이가 나타났다 하면 웃음소리와 박수소리가 터졌다. 그는 아이들 소풍도 따라다니고 거동이 불편한 한센인에게 약도 타다 주었다. 종종 사람들 대신 약 타러 갔다가 주지 않으면 계속 떼를 써서 기어코 받아내 갖다 주니, 사람들에게 또덕이는 바보 광대 이상의 존재였다. 소록도인들에게 그는 순간이나마 세상 시름과 근심거리를 잊게 하는 '삶의 단비 같은 친구, 또덕이'였던 것이다.

내 고향

잠들었던 친구들과 함께
뛰놀던 내 고향
강아지도 같이
뛰놀았던 내 고향
지금까지 고향에
남아있는 친구는
좋겠다.
아아-나도
고향에 가고 싶다.

-김희경-

사람들의 고통과 시름을 대신하여 움직인 이가 또 있었는데 이길용과 이춘상이었다. 두 사람은 소록도에서 일어난 살해사건의 주범들이었다. 살해 동기는 6천 환우를 대신하여 원한을 풀기 위한 것이라고 그들 스스로 주장하였다. 사건의 도화선은 바로 수호 원장 동상 건립이었다. 1939년 소록도 확장공사가 끝나자, 간호주임 사또를 비롯한 몇몇 주민 대표들이 원장의 노고를 치하하기 위해 동상 건립을 추진하였다. 그들은 성금이라는 명분으로 강제로 건립기금을 거두었고, 이듬해 8월 20일 제단식을 거행하였다. 동상의 높이는 무려 9.6미터에 이르렀다.

> 나라와 정화 위해 몸을 바치신
> 우리들의 어버이 원장님 각하
> 혜택 받은 동산에서 우리 무리를
> 구하고자 하시는 두터운 마음
> 이곳은 우리들의 갱생의 동산
> (2절 3절 생략)

이후 직원들은 보은감사절 때마다 부락별로 인원 파악까지 하며 참배를 시켰다. 1941년 6월 어느 날 동상 건립에 공로가 크다 하여 표창까지 받은 박준수가 이길용에 의해 살해되는 사건이 일어났다. 전북 순창 출신의 이길용은 박준수가 몸이 아파 신사참배에 참석하지 않고 집에 누워 있다는 말을 듣고 그의 집으로 가서 그를 살해하였다. 이길용은 손가락이 없어 손목에 칼을 동여매고 박준수를 찔렀다. 이길용은 "처음에는 한센인들의 진정한 대변인으로 한센인들을 위해 일하던 그가 신임과 총애를 받고 호강하더니 부락을 순회하며 황국에 충성하라고 외치고, 걸핏하면 불온사상자로 협박하여 공포에 떨게 하니 6천 환우의 노여움과 지하에서 통곡하는 망령들의 원을 풀어 주기 위해 죽음을 각오하고 감행하였다."라고 말하였다. 이길용은 사형선고를 받아 수감되었다가 자살로 생을 마감하였다. 소록도에서 일어난 첫 번째 살인사건이었다.

그리고 정확히 1년 후인 1942년 6월 20일, 그보다 더 큰 사건인 수호 원장 살해사건이 발생하였다. 수호 원장을 죽인 사람은 경북 성주 출신의 이춘상이었다. 그는 언제나 원장을 죽여야만 사람들이 살 수 있다고 입버릇처럼 말하고 다니던 사람이었다.

원장을 위시한 직원들은 소록도인들이 모진 강제노역에 섬 밖으로 탈출하거나 심지어 목을 매 자살까지 하는데도, 동상 건립을 위해 3개월 분 노임에 해당하는 성금을 걷어갔다. 이 탓에 원장에 대한 원한이 점점 높아져만 갔다. 사건이 일어났던 보은감사일이 되고 여느 때처럼 거동이 불가능한 자들을 제외한 모든 사람들이 수호 원장 동상 앞에 모였다. 동상 앞에서 경례가 끝나갈 즈음, 직원지대에서 승용차 한대가 미끄러져 들어왔다. 수호 원장이 내려 마을 별로 모여 있는 사람들을 지나 중앙리 주민들 앞을 지나갈 때였다. 이춘상이 뛰어나와 원장의 가슴에 칼을 꽂았다.

　순식간에 일어난 일이었다. 원장의 숨은 끊어지고 말았다. 이후 그날 모였던 사람들은 모두 집에 갇혀 집 밖으로 나오지 못하게 되었다. 집안에 있는 모든 칼은 끝을 문질러 끊어버리라는 지시도 떨어졌다. 이춘상은 그 자리에서 잡혀 경찰서로 이송되었다. 범행 동기를 묻는 판사에게 이춘상은 원장의 학정에 대해 낱낱이 밝혔다. 그러나 두려움에 떨던 주민들과 병원 직원들은 그의 폭로에 대해 "그렇다."라고 말하지 못하였다. 결국 그는 대구로 옮겨져 교수형을 당하였다.

이름도 없이 역사 속에 묻혀 있던 이춘상의 수호 원장 살해사건은 오늘날 다시금 재조명되고 있다. 정근식 서울대 교수(사회학)는 "수호 원장은 일제 총독부에서 국장급 지위를 인정받던 고위관료로 국내에서 이 정도 관리를 암살하는 데 성공한 인물은 이춘상 밖에 없었다."며 "민족주의적 관점에서 그의 행적을 재조명해 볼 필요가 있다."고 말했다. 임두성 한빛복지협회장도 "이춘상이 한센인이 아닌 정상인이었다면 벌써 그에 대한 재평가 작업이 이뤄졌을 것"이라며 "그가 보여준 살신성인의 자세는 그동안 주목받지 못했던 우리 항일운동사의 자랑스런 한 페이지"라고 말했다.

❄애환의 추모비

소록도는 남쪽 육지 끝에 자리잡은 섬이다. 세상에 속하지 못한 채 사람들과 분리된 삶들이 모여 있는 곳이지만, 100여 년의 소록도 역사는 한국 근·현대사를 고스란히 반영하고 있다. 한센인 개인의 고통과 역사적 고통이 동시에 맞물려 재현될 수밖에 없었던 시대 상황 탓에 섬에 내려진 고난은 더욱 크고 더욱 모질었다. 소록도에는 '3대 사건'이라 불리는 아픈 역사가 있다. 첫째는 1945년 해방 직후 직원과 한센인들 사이에 병원 운영권 문제로 시작된 분쟁으로, 84명의 주민 대표를 죽음으로 몰고 갔던 학살사건이다. 둘째는 1955년경 경남 삼천포 앞바다 섬에서 벌어진 학살사건이다. 음성판정을 받은 비교적 건강한 소록도 출신 사람들이 이곳에서 삶의 터전을 준비하려다 반대하는 지역민들과의 마찰 때문에 28명이 사망한 일이었다. 마지막으로 소설가 이청준이 《당신들의 천국》에서 그린 오마도 간척지 사건이다. 이는 소록도인들이 만든 300만여 평의 오마도 간척지를 1963년에 정부에 강제로 빼앗겨 버린 사건이다. 1945년 일어난 첫 번째 사건은 원생이었다가 목사가 된 김병연 목사에 의해, 그리고 오마도 사건은 1960년대 소록도 병원 원장이었던 조창원 원장 등의 기록과 회고에 의해 전해지고 있다.

1945년 해방이 되자 소록도 전체는 술렁이기 시작했다. 패전 소식과 함께 일본인 직원들도 일본군과 함께 일본으로 돌아가야만 했다. 당시 일본인 원장은 떠나면서 식량과 일용품, 약품창고 열쇠를 한국인 의사 석사학石四鶴

에게 건네주었다. 사건의 발달은 여기서부터였다. 부락 대표를 뽑아 운영 중이던 소록도 주민들은 자치적으로 식량과 물품을 관리하겠다 주장하였고, 기존 직원들 역시 운영권을 빼앗길 수 없다고 맞섰다. 석사학 또한 직원을 믿지 못하였고, 주민들도 일본인들이 행했던 방식대로 운영될까 의심하였다. 결국 주민들이 타협을 위해 직원지대로 몰려갔고, 직원들은 출입금지 구역인 직원지대로 주민들이 몰려오자 당황하기 시작하였다. 일본인 밑에서 일하던 직원들에 대해 앙심을 품은 주민들도 있었으므로 무슨 사태가 벌어질지 알 수 없기 때문이었다. 직원 중 오순재와 송회갑은 녹동 치안대에 연락하여 신변 보호를 요청하였다. 출동한 치안대는 주민들을 해산시키기 위해 총을 쏘았고 이 과정에서 8명의 주민이 죽었다. 이를 계기로 직원들과 주민들 간의 갈등은 더 극렬해져 갔다.

오순재와 송회갑은 협의를 제안했다. 그리고 8월 22일 부락 대표들을 감시소로 오도록 하였다. 하지만, 그들을 기다리고 있는 것은 총을 겨누고 있는 치안대원들이었다. 대표들은 치안대원들이 쏜 총알 앞에 속수무책으로 쓰러졌다. 관련자들이 도망가 몸을 숨기자 직원들과 치안대원들은 숨은 대표들을 찾아내 그들 역시 총살했다. 그리고 죽은 사람, 아직 숨이 붙어 있는 사람 모두를 중앙리 해안가로 끌고가 모래 구덩이에 몰아넣고 일본인들이 전쟁에 사용하려고 모아둔 송탄유를 붓고 불을 붙였다. 이 중 석사학 의사와 함께 도망갔다가 붙잡힌 한 주민 대표는 산 채로 불 속에 던져졌다.

잔혹한 일은 계속 이어졌다. 치안대원들은 건너편 육지 벌교에 식량으로 쓸 콩을 배에 싣고 돌아오던 한센인 건설대원들을 기다렸다가 그들까지 모두 죽였다. 그들은 3일 전에 소록도를 떠났다가 돌아오던 사람들이었기에 아무런 연관도 없고 무슨 일이 일어났는지조차 알지 못하고 있었다. 하루아침에 벌어진 이 사건에 모든 사람들이 혼비백산하였다. 직원들과 주민들 간의 갈등은 있었지만 이런 잔혹한 학살로 이어지길 누가 바랐겠는가? 직원 중 박기업 주임은 자신의 집으로 숨어 들어온 주민 한 명을 곳간에 숨겨 두고 이 끔찍한 상황이 지나가기만을 기다렸다. 콩을 싣고 오던 삼일호 선장도 배에 있던 건설대원을 창고에 숨기고 아직 살아 있는 채 바다에 떠 있는 사람들을 배에 싣고 도망쳐 목숨을 구해 주었다.

하지만, 이러한 사람들의 노력에도 이틀에 걸쳐 84명

의 사람들이 목숨을 잃었다. 광복의 기쁨을 맞이한 지 불과 일주일 만이었다. 이 학살의 주모자였던 오순재와 송회갑은 몇 년 후 여수와 순천에서 이념 대립으로 일어난 학살사건 때 동참하였다가 총살당한 것으로 알려져 있다.

문석민 장로와 강대시 장로를 비롯한 많은 뜻있는 분들은 학살 희생자와 단 한 목숨이라도 구하기 위해 애쓴 이들을 추모하고자 '애환의 기념비'를 세웠다.

> 달려온다. 84인의 황령荒靈이
> 푸른 한의 파도를 타고 일어서
> 서로 어깨동무를 하고 밀려온다.
> 중앙리 백사장을 때리고 부수고
> 오, 하늘이여, 땅이여
> 왜 죽어야 했습니까?
> 말해 주소서!
> 분통을 터트리며 물거품으로 꺼진다
>
> 남편을 빼앗긴 물망초의 붉은 피
> 푸른 파도가 되어 밀려와
> 원한의 백사장에 부스러지고 깨지고

울분과 한과 분통이 한꺼번에 터지는
매서운 폭풍이 되어
소록도에 가득 떠돌며
분노의 붉은 피 뚝뚝 파도에 뿌려
다시 황령의 파도로 밀려온다

파란 눈의 '마리안느 스퇴거'와 '마가렛 피사렉'

소록도에는 삼마공적비가 있다. 마리안느, 마가렛, 마리아 세 명 수녀들의 헌신을 기리는 공적비이다. 1935년 천주교인 3명이 들어오게 되면서 소록도에도 천주교가 전래되었다. 1943년 김루스 신부의 집전으로 첫 미사를 드리게 되었는데 개신교인의 활동에 비해서는 시기적으로 매우 늦은 것이었고 천주교인들의 수 역시 매우 적었다. 60년대 초까지 치료소나 공공장소에서 예배나 미사가 이루어졌기 때문에 당시 신부 권 야고보 James Michael는 교구의 지원을 받아 성당 및 사제관을 신축하였다. 또한 미감아동 보육소의 운영권도 넘겨받아, 영아원도 설립하여 소록도 보육 사업의 상당 부분을 담당했다.

그 즈음인 1959년에 오스트리아에서 마리안느 Marianne

Stoeger 수녀가, 1962년에 마가렛 수녀가 소록도를 찾아왔다. 그리고 2005년 11월 21일 새벽, 그들은 아무에게도 알리지 않고 편지 한 장만을 남긴 채 고국으로 돌아갔다. 두 사람은 70세의 몸으로 고향땅을 다시 밟기까지 40년 세월을 소록도에 헌신하는 삶을 살았다.

간호학과 졸업 후, 처음 소록도에 온 수녀들 눈에 비친 소록도는 참담했다. 절망에 찬 한센인들과 마스크, 장갑, 방역복으로 중무장한 치료진들….마리안느, 마가렛 수녀는 방역복 대신 가운을 입고 맨손으로 약을 발라 주고 소독해 주었다. 약과 영양제를 나누어 주며 잘 먹어야 빨리 나을 수 있다고 그네들을 위안했다. 죽도 쑤고 과자도 구워 주었다. 외국인 수녀가 전라도 사투리로 말을 건네자, 사람들은 두 수녀를 '큰 할매', '작은 할매'라고 불렀다.

두 수녀는 한센인들과 소록도 아이들에게 따뜻한 어머니와도 같았다. 마리안느 수녀와 마가렛 수녀는 외국 의료진을 초청해 장애 교정 수술도 받도록 하였고, 오스트리아 가톨릭부인회에 소록도 환경개선을 위한 지원도 요청하였다. 덕분에 결핵 병동 및 기타 병동 설립, 중환자실 재건축 등이 이루어졌다.

가톨릭부인회 지원기간이 만료되어 재정지원이 중단되자, 그들은 자신들의 연금만으로 생활하면서 한센인들을 보살폈다. 본국 수녀회에서 보내져 오는 생활비조차도 한센인들의 간식비로 썼고, 한센병 완치 후 섬을 떠나는 사람들에게는 노자를 주기도 했다.

두 수녀는 숨어 어루만지는 손의 기적과, 주님 외에는 누구에게도 얼굴을 알리지 않는 베품이 참 베품이라 믿었다. 그들의 공로가 세상에 조금씩 알려졌으나, 두 사람은 상이나 인터뷰 요청도 번번이 물리쳤다. 오스트리아 정부에서 훈장을 수여했을 때에도 오스트리아 대사가 직접 섬까지 찾아와서야 전해줄 수 있었다. 또한 병원 측에서 회갑잔치를 마련했을 때에도 "기도하러 갑니다."라며 조용히 피했다. 한국 정부는 두 헌신자에게 1972년 국민포장國民褒章, 1996년 국민훈장 모란장을 수여했다.

두 수녀는 처음 섬에 들어올 때를 회상하며 이렇게 이야기했다.

"처음 갔을 때 한센인이 6천 명이었어요. 아이들도 200명쯤 되었고요. 그런데 약도 없고 돌봐줄 사람도 없었어요. 한 사람 한 사람 치료해 주려면 평생 이곳에서 살아야겠구나 하는 생각을 했어요."

2005년 불현듯 편지 한 장만 남겨 놓은 채 이들은 조용히 섬을 떠났다. 섬에 올 때 가져왔던 해진 가방 한 개만 들고 아무 것도 가지고 가지 않았다. 두 분은 반세기 가까이 외로운 섬에서 상처받은 사람들을 보듬다가 가는 마지막 자리에 마음을 담아 몇 자 적어 놓았다.

사랑하는 친구, 은인들에게

이 편지를 쓰는 것은 저에게 아주 어려웠습니다.

한편은 사랑의 편지이지만 한편은 헤어지는 섭섭함이 담긴 편지입니다.

우리가 떠나는 것에 대해 설명을 충분히 한다고 해도 헤어지는 아픔은 그대로 남아 있을 겁니다. 사람에게 직접 찾아 뵙고 인사를 드려야 되겠지만 이 편지로 대신합니다.

마리안느는 1959년에 한국에 도착했고, 마가렛은 1962년에 와서 거의 반세기를 살았습니다. 고향을 떠나 이곳에서 제일 오랫동안 살았습니다.

이제는 저희들도 천막을 접어야 할 때가 왔습니다. 현재 우리는 70이 넘은 나이입니다. 소록도 국립병원 공무원들은 58세-60세의 나이에 퇴직합니다.

우리는 언제까지 일할 수 있는 건강이 허락될지 모릅니다.

이제는 이곳을 떠나 다른 곳으로 가렵니다. 그것은 저희들의 뜻이 아닙니다. 저희는 고향으로 떠나기로 했습니다. 우리 나이가 은퇴를 지나서 10년이라는 세월이 흘렀습니다.

지금 한국은 사회복지시스템이 잘 되어 있어서 우리는 아주 기쁘게 생각합니다. 우리가 없어도 한센인들을 도와주는 간호사들이 계셔서 마음 놓고 갑니다. 옛날에는 약과 치료품이 많이 필요해, 고향인 오스트리아에서 도움을 받아 도와 드릴 수 있었습니다. 현재 소록도는 여러 면에서 발전하여 한센인들도 많은 혜택을 받고 있어서 아주 기쁘고 감사하는 마음이 큽니다.

한국에서 같이 일하는 외국 친구들과 자주 이런 이야기를 나눕니다. 머물던 곳에서 제대로 일할 수 없고 그곳에 부담을 줄 때는 본국으로 가는 것이 좋겠다고요. 이제는 우리가 그 말을 실천할 때라고 생각합니다.

이 편지를 보는 당신에게 많은 사랑과 신뢰를 받아서 하늘만큼 감사합니다. 부족한 외국인으로서 큰 사랑과 존경을 받았으니 대단히 감사합니다. 같이 지내면서 마음 아프게 해드렸던 일이 있다면 이 편지로 용서를 빕니다.

사랑하는 여러분께 다시 한번 감사의 마음을 전합니다.

우리가 다 보답할 수 없어 하나님께서 대신 감사해 주실 겁니다.

항상 기도 안에서 만납시다.
　　　　-감사하는 마음으로 마리안느 올림, 마가렛 올림.

　고향으로 돌아간 두 수녀의 방문 앞에는 한국말로 적은 글이 있었다고 한다.
"선하고 겸손한 사람이 되라!"
고국에서 두 분은 이렇게 이야기 하였다고도 한다.
"지금도 우리 집, 우리 병원 다 생각나요. 바다는 얼마나 푸르고 아름다운지…. 그립습니다. 하지만 괜찮아요. 마음은 소록도에 두고 왔으니까요."

✽ 샛별 -김정복 목사 순교 이야기-

　해방 직후 직원과 주민의 갈등으로 인한 참혹한 학살이 있은 뒤, 소록도도 점차 안정을 찾아갔다. 그동안 관리를 위해 부락을 나누고 있었지만 이제 공식적으로 자치제를 허용받아 선거에 의해 대표를 선출하기도 하였다. 시국에 따라 제도의 변화와 회귀가 있었지만, 억압하던 일본인이 없는 세상이 왔다는 사실이 더 기뻤다.
　그런데 세상 돌아가는 모습이 불안했다. 좌익과 우익

이 나뉘고 여수와 순천에서는 무고한 사람들이 이념 대립에 죽어갔다. 그러다가 1950년 6월 25일 인민군이 서울을 점령하고 남쪽으로 점점 내려오고 있다는 소식이 들렸다. 전쟁이 터진 것이었다. 긴급회의가 열렸고 누군가는 하루에 50명씩 한센인들을 육지로 내보내자고도 했으나 짧아야 4개월 길면 1년의 시간이 필요한 피난길이었다. 거기다가 사람들 눈도 피해서 피난 가려면 얼마의 시간이 걸릴지 아무도 모르는 일이었다.

다음날 병원 원장과 몇몇 간부들이 먼저 몸을 피하고자 병원 배를 타고 장흥 앞바다에 이르렀다. 손과 발이 묶인 시체들이 바다 위에 떠다녔다. 원장은 다시 배를 돌려 소록도로 돌아왔다. 전쟁 소식에 술렁거리는 사람들을 모아 놓고 앞으로의 일을 대비했다. 일단 자치회 임원들 중 장로교 신자들을 일괄 사퇴하도록 하였다. 이미 병원 안에 공산주의 세력의 남조선노동당(남로당) 사람들이 점차 늘어가고 있었기 때문이었다.

8월 5일 어린 청년 인민군 40여 명과 장교 3명이 소록도로 들어왔다. 인민군은 즉각 원장과 간부를 감금시키고 인민위원회와 청년동맹위원회를 조직하였다. 인민위원장에는 문창열이 선출되었다. 전쟁 중이었기 때문에 사람들은 반공호를 파는 일 등에 동원되었으나 관리자들과 체제가 바뀌었을 뿐 큰 변화가 있으리라고 생각하지 못하였다. 그런데 문창열을 위시한 인민군의 통제는 예상을 뛰어넘었다.

교회의 예배를 중지시키고 교회 간판을 내리도록 했다. 예배당을 '공회당'으로 바꾸고 그 중앙에는 김일성의 사진을 달도록 하였다. 찬양하던 사람들에게 인민군가를 부르도록 하며 공산주의 정신을 주입하는 교육도 실시하였다. 인민재판이란 이름으로 숙청자를 선별하니 사람들이 느끼는 공포는 커져만 갔다. 공회당으로 바뀐 교회에서는 이제 인민재판이 열리고 예배를 드리던 이들이 불순분자라는 이름으로 재판을 받게 되었다.

"아군의 승리로 수복될 날이 멀지 않았으니 그때까지 참고 기다려 달라."

비행기에서 뿌려진 '삐라'에 사람들이 동요하자 문창열은 주춤거리며 인민재판을 다음으로 미뤘다. 그러나 불순분자로 찍힌 사람들은 고흥 정치보위부에 감금시키고 숙청시킬 계획을 하고 있었다.

여기에 김정복 목사도 포함되어 있었다. 일흔이 다 된 고령의 몸으로 사람들의 권유대로 피난을 갔으면 이곳에 있지 않으련만, 그는 "내 늙은 목숨 살자고 도망갈 수 없소. 하나님이 내게 맡겨 주신 연약한 양떼를 버릴 수가 없소."라는 말만 하고 굴날뿌리라는 바위에 가서 기도만 하였다. 결국 누군가의 밀고로 붙잡혀 정치보위부에 끌려가게 되자 걱정하는 사람들에게 "사랑하는 소록도 성도들아, 신앙의 절개를 굳게 지켜서 천국에서 만납시다. 하나님이 위로해 주실 것이니 안심하시오."라고 말하였다.

한편 인천상륙작전에 성공한 미군과의 연합작전으로 9월 29일 서울이 수복되자 인민군들은 후퇴를 서둘렀다. 그리고 숙청하기 위해 잡아 둔 사람들을 뒷산으로 끌고 가서 총으로 쏘아 죽였다. 김정복 목사 역시 이날 순교를 당했다. 이날은 소록도 건너편 여수에서도 한 목사가 순교한 날이었다. 김정복 목사처럼 한센인들에게 복음을 전하다 죽은 손양원 목사였다.

김정복 목사의 순교 이후 부임한 고대작 목사는 1951년 3월 3일 김정복 목사 순교 추도예배를 드렸다. 그리고 27년 후인 1977년 9월 30일 김정복 목사를 기념하는 순교기념비가 소록도 중앙교회 앞에 세워졌다.

샛별

인생은 가지만 말씀은 계속 흐르고
역사는 바뀌지만 여전하리
고인의 발자국은 순교의 꽃이 되고
천시받던 십자가는 승리를 가져오리
핏줄 없는 설움보다
더욱 애달픈 복음사역

후계자를 평생 그리워
버림받은 병든 양떼 가슴에 안고
말씀으로 가꾸고 기도로 길러
보석보다 귀한 은혜 복음사명을
이 동산 양떼에게 맡겨 주셨네
오직 불구 이 몸 묶어 예수 이름을
멀리 가서 사람에게 못 전도하나
별 따라 순교의 피여
십자가 제단 앞에 쪼개 들려서
산 제물로 주님 뒤를 따라 가리라

〈김정복순교비〉

빼앗긴 희망, 오마도

하늘이 내린 벌, 천형天刑으로 인식되어 사회적 냉대를 받아 온 한센병은 의학의 발전과 함께 치료법과 치료제가 개발되어 치유되는 환자의 수도 점차 늘어났다. 그동안 한센인에 대한 국가의 정책이 격리와 치료였다면, 이제는 치료와 재활, 사회로의 복귀가 주요 정책이 되었다.

1960년대 초 소록도 주민들 중 반이 치유가 된 이들이었다고 하니 이들의 정착 문제가 대두되지 않을 수 없었다. 하지만, 다른 병과 다르게 완치되었다 해도 손과 발, 얼굴 등에 한센병의 흔적이 남아 있어서 사회에 재정착하기란 국가뿐 아니라 한센인 자신에게도 쉬운 일이 아니었다. 1955년에 경남 삼천포 앞바다에 있는 섬에 정착하려다 일어난 지역민들과의 마찰도 그 어려움을 말해 주는 일이었다.

이러한 상황 속에서 1961년 새로 부임한 조창원 원장에 의해 오마도 간척사업이 시작되었다. 조창원 원장은 5·16혁명으로 군사정권이 들어서고 부임한 현역 군의관의 젊은 원장이었다. 그는 소록도에 처음 들어와서 대대적인 개혁을 실시하였다. 당시 한센인 스스로 사회 정착이나 자력 갱생의 의지조차 보이지 않는다고 판단한 그는 기존의 구습을 모두 깨버리는 작업을 시도했다. 그리고 한센인 스스로 정착하여 삶의 터전을 꾸릴 수 있는 '오마도 간척사업'을 시작하였다. 하지만, 소록도 사람들, 특히 대다수를 차지하고 있는 기독교인들의 협력을 이끌어 내는 것은 쉽지 않은 일이었다.

단순한 종교적 갈등으로 인한 반감이나 정착 지역 개발사업에 대한 안일한 기독교인들의 태도로 해석할 수 없는 일이었다. 소록도 사람들은 그동안 일본인들에게, 직원들에게, 소록도를 이용하려 하는 뭇사람들에게 거듭된 배신을 당하며 살아왔다. 그들에게 유일한 믿음의 대상은 이제 하나님 밖에 없었는데, 조창원 원장이 부임한 직후 치료소나 공공장소가 예배당으로 쓰이는 것을 보고 건물을 회수해 가자 갈등이 일어났던 일도 있었거니와 또다시 강제 노역이 시작될 수 있다는 그간의 경험에서 비롯된 반대였다.

이러한 크고 작은 갈등 속에서 단 하나 공통된 합의점은 사회적 편견에서 벗어나 한센인들이 살 수 있는 공간, 소록도에 격리되지 않고 일하며 삶을 꾸밀 수 있는 곳, 즉 그들만의 '가나안'을 만드는 것이었다.

신부와 장로들 앞에서, 그리고 부락 대표 앞에서 조원

장이 성경에 손을 얹고 오마도 간척사업에 대한 선서를 하였다. 1962년 7월 10일 시작된 오마도 간척사업은 음성환자 1천 세대(약 2,500명)가 정착할 수 있는 330만평 개발이라는 대사업이었다. 2-3천명 한센인들의 노동력이 투입되었고, 참여한 사람들은 한 달에 당시 돈으로 30원의 임금도 받았다. 사람들에게 임금보다 더 큰 것은 사회의 냉대 없이 정착할 수 있고 농토까지 받을 수 있다는 희망이었다. 가정을 꾸리고 아이를 낳고, 비록 한센인이었지만 후대 아이들에게는 고통을 물려주지 않을 수 있다는 기쁨이 있었다.

오마도 간척사업으로 인근 지역 사람들의 반발이 일어나기도 하였다. 인근 주민들은 근처 어장을 비롯한 생활터전을 빼앗긴다는 이유로 공사를 방해하고 물리적 마찰을 일으켰다. 또 노동하러 나온 한센인에게 음식을 파는 일이 못마땅하다는 이유로 서로 싸우기도 했다. 하지만, 점차 설득과 타협점을 찾아내고, 소록도 교회와 인근 교회들의 교류가 이루어지면서 사업은 안정을 찾아갔다.

누군가는 이 사업이 이루어지지 않을 것이라 말하였고, 누군가는 개미떼들의 역사役事라고 하였다. 겨우 방파제를 쌓아 놓으면 연일 몰아치는 파도가 모두 무너뜨

렸다. 그뿐이었던가. 연약한 지반 때문에 1방조제가 세워진다 싶으면 2방조제가 무너지고, 제3방조제가 연달아 무너지고, 작업선이 뒤집히고, 사고가 생길 때마다 부상자와 사망자가 잇따라 나왔다. 눈에 띄게 떨어진 의욕을 높이기 위해 각 지역에서 온 근로 봉사대와 국제워크캠프를 통해서 온 대학생 봉사단이 간척공사에 참여하였다. 1963년 또 한 차례의 돌풍으로 방조제가 무너져 최대 위기를 맞이하였지만 이듬해 봄에는 다시 전체 공정의 70%까지 진척시킬 수 있었다. 이제 끝이 보이는 듯하였고 사람들은 간척지로 입주할 수 있다는 꿈에 부풀어 있었다.

1964년 3월 조창원 원장의 이임 발령이 떨어졌다. 그리고 그 여름 전라남도가 오마도 간척사업을 관장하게 되면서 공사가 완료된 뒤, 도 당국이 토지 분배권을 갖게 된다는 보도가 났다. 군정이 민정으로 이양되면서 일어난 일이었다. 뼈아픈 모든 결과가 경험 없이 사업에 뛰어든 소록도에 고스란히 돌아왔다. 땅을 빼앗긴 것보다 다시 일어설 수 있다는 희망을 빼앗겨 버렸다. 불완전한 몸뚱이 던져 둑을 쌓고 바다를 막았다. 같이 살 수 없다고 하여, 있는 땅은 주기 싫다고 하여, 바다를 메워 새 땅을 만들어 살려고 하였는데 그마저 빼앗기고 만 것이었다.
공사가 이관된 후 어떠한 보상도 주어지지 않았다. 이로
써 '오마도 간척사업'은 국가에 의해 희망을 빼앗긴 또
하나의 슬프고 분한 역사가 되었던 것이다.

❊ 감사 할머니, 문어진

1961년 조창원 원장이 부임하면서 단행된 일련의 개
혁 중 가장 큰 타격을 받은 것은 교회였다. 그동안 예배
당으로 쓰였던 모든 건물은 회수되고 중앙공회당 건물만
연합 예배당으로 사용하도록 하였다. 그리고 교회의 각
종 기관까지 해산 명령을 받게 되었다. 천주교인들에게
도 마찬가지였다. 하지만, 당시 광주교구 대주교의 지원
을 받아 170여 평의 성당을 신축하게 되어서 기독교인만
큼 큰 반발이 일어나지는 않았다.

교인들의 반발은 즉각 일어났다. 예배당 회수뿐 아니
라 헌금에 대한 회계장부 조사, 교회의 종각 철거, 심지
어 목사의 병사지대 출입까지 금지당했기 때문이었다.
하지만, 돌아온 결과는 늘 그 가족까지 모두 다른 곳으로
이송될 뿐이었다. 두 차례에 걸쳐 총 126명의 교인이 소

록도를 떠나게 되었다.

1962년 김두영 목사가 원목으로 소록도에 들어왔다. 7개 부락에서 예배드릴 곳이 사라지자 사람들은 비가 오는 날이나 바람이 부는 날이나 상관없이 길에서 예배를 드렸다. 연합 예배당이 있었으나 거동이 불편한 주민들을 새벽예배를 위해 그곳까지 가는 길은 너무 멀기만 하였다. 김두영 목사는 병원 당국에 허가를 받아 신생리, 구북리, 서생리, 남생리, 동생리, 장안리에 예배당 신축을 시작하였다.

건물 올리기 좋은 터면 좋았겠지만 언덕 위, 바위 가득한 땅들이었다. 거기다 당시 시작된 오마도 간척사업에 노동 가능한 모든 사람들이 동원되었기 때문에 교회 건축을 위해 참여할 수 있는 사람들은 노약자나 신체 부자유자들이었다. 누군가는 손 없는 팔목에 숟가락을 동여매고 땅을 팠다. 누군가는 자루에 돌을 올려 놓고 엉덩이로 밀며 바다 쪽으로 축대를 쌓아 올리기도 했다. 눈이 보이지 않는 사람은 다른 사람이 이끄는 대로 리어카라도 끌며 작업에 참여하고, 당시 헌금 금지가 내려졌기 때문에 여자들은 머리칼을 팔아 건축비용을 내기도 했다.

이 작업에 참여한 이 중에 감사 할머니로 유명한 분이

있었다. 동생리의 문어진 할머니이다. 1888년 12월 16일 경남 합천에서 태어난 문 할머니는 34살 젊은 나이에 한센병에 걸려 소록도에 처음 들어왔다. 교회 건축이 이루어졌을 때 할머니의 나이는 75세였다. 할머니는 가장 먼저 공사장에 나와 가마니에 돌을 얹어 놓고 끌어서 옮기는 일을 하였다. 힘이 없어 많이 옮기지 못하기 때문에 조금씩, 그러나 누구보다 많이 왕복하며 돌을 날랐다. 사람들이 도와주려고 하면 오히려 화를 내며 도와주지 못하게 하였지만 할머니 입에서 나오는 소리는 항상 "주여, 감사합니다."였다. 그래서 사람들은 문 할머니를 '감사 할머니'라고 불렀다.

감사 할머니는 하루도 빠짐없이 공사현장에 나오면서 새벽예배 또한 하루도 빠짐없이 참석하였다. 매일같이 감사를 외치던 할머니는 교회가 완공되자 춤을 추며 감사했다고 한다. 교회가 완공되고 10년이 지난 1971년 할머니는 "주여, 감사합니다."라는 말을 남기고 세상을 떠났다.

날 구원해 주신 것 감사

날 구원하신 주 감사 모든 것 주심 감사
지난 추억 인해 감사 주 내 곁에 계시네
향기로운 봄철에 감사 외로운 가을날 감사
사라진 눈물도 감사 나의 영혼 평안해

응답하신 기도 감사 거절 하신 것 감사
헤쳐나온 풍랑 감사 모든 것 채우시네
아픔도 기쁨도 감사 절망 중 위로 감사
측량 못 할 은혜 감사 크신 사랑 감사해

길가에 장미꽃 감사 장미 가시도 감사
따스한 따스한 가정 희망 주신 것 감사
기쁨과 슬픔도 감사 하늘 평안을 감사
내일의 희망을 감사 영원토록 감사해

보리피리

소록도의 노래 ·1·

산이 좋아 소록도
물이 좋아 소록도냐
산도 물도 다 좋다만
님 없으니 눈물이라
갯바람 조금바람
비린내 정든 내 고향
내 고향 소록도를
나는 정말 못 잊겠냐

보리피리 ·2·

보리피리 불며
봄 언덕
고향 그리워
피-ㄹ 닐리리.

보리피리 불며
꽃 청산
어린 때 그리워
피-ㄹ 닐리리.

보리피리 불며
인환人寰의 거리
인간사 그리워
피-ㄹ 닐리리.

보리피리 불며
방랑의 기산하幾山河
눈물의 언덕을 지나
피-ㄹ 닐리리.

-한하운-

✦✦✦✦✦

한하운1919~1975은 하늘이 내린 고통, 그래서 천형天刑이라고 불린 한센병의 아픔을 시로 승화시킨 사람이다. 함경남도 출신으로 일제 강점기에 한센병에 걸려 걸인의 삶을 살았다. 그러나 그는 자신이 당한 고통스럽고 충격적인 삶을 시라는 문학을 통해 승화시키고 나아가 아름다운 이상형을 꿈꾸기도 했다. 한국전쟁을 겪으면서 그는 남한으로 내려와 정착했다. 한하운은 한센병을 안고서 한국 현대사의 질곡을 경험했다. 이런 의미에서 그의 시들은 고난 너머에 있는 감동과 용기, 그리고 눈물 너머의 환희를 잘 보여 준다. 그의 시 몇 편은 소록도를 위로하는 증거로 남아 널리 읽혀지고 있다.

소록도 지리가 ·3·

남해안 해상에 솟아있는
이상적 새나라 소록도는
복잡한 세상을 멀리 떠나
평화의 낙원이 여기로다

면적은 백이요 오십만평
인구는 현재가 팔백이라
산천과 경치는 절승絶勝하고
기후는 사시가 장춘長春이라

해산과 육산은 풍부하여
자연의 혜택이 한없으며
맹수와 악물은 볼 수 없고
노루와 사슴만 왕래하네

화려한 건축과 모든 설비
참으로 놀랍고 훌륭하다
이것이 어데로 쫓아왔나
모두가 사랑과 은혜일세

동서와 남북에 모임 사람
합중合衆에 미국과 방불하다
토지와 소유는 모두 평균
공산의 노국露國이 흡사하다

이곳과 저곳에 나눠있는
이땅에 주인은 누구인가
가정과 사회가 배척하는
불쌍코 가련한 우리동포

낮에는 운동과 밤엔 성경
덕육德育과 체육을 장려하여
도서와 음악과 각종오락
위안의 기구도 충분하다

어려운 부모와 모매母妹시여
이 나라 헌법은 무엇으로
하나님 공경과 형제 사랑
이법만 지키면 국태민안

1930년대 초반
가사 : 도병일 장로-

전라도 가는 길 -소록도로 가는 길- •4•

가도 가도 붉은 황톳길
숨막히는 더위뿐이더라
낯선 친구 만나면
우리들 문둥이끼리 반갑다
천안 삼거리를 지나도
수세미 같은 해는 서산에 남는데

가도 가도 붉은 황톳길
숨막히는 더위 속으로 절름거리며

신을 벗으면
버드나무 밑에서 지까다비를 벗으면
발가락이 또 한 개 없다

앞으로 남은 두 개의 발가락이 잘릴 때까지
가도 가도 천리 길, 전라도 길

-한하운-

✦✦✦✦✦

일본말로 원해 작업 노동용 신발을 의미하는 '지까다비, 地下足袋'는 우리말로 '신발겸용버선'을 뜻한다. 우리나라의 버선을 생각하면 되는데, 여기서 '다비'는 버선을 의미한다.

소록도 병원의 노래 ·5·

1. 한반도 남단 위에 수려한 소록
   반세기 오래전에 세워진 병원
   고난의 슬픈 무리 재생의 터전

   (후렴)
   오늘의 치료는 내일의 건강이며
   우리의 희망이다 소록도 병원

2. 바뀌고 바뀐 세월 싸워가면서
   암흑과 먹구름도 이제 개이고
   동천은 밝아졌다 대지로 가자

3. 바다로 둘러싸인 평화의 동산
   이산과 저산 위에 푸른 저 송백
   우리의 기상이다 희망의 상징

곽인섭 작사/조병욱 작곡

갱생소요가 ·6·

갱생원 귀에 익어 내 또한 찾아 들어
죽장을 다시 잡고 골골을 걷자구나
달빛도 밝아 있고 바람조차 시원한데
천추에 맺힌 한이 어데 서려 있느냐

장안리
장안리 백사청송 바람아 부지 마라
하마 하면 네 마음 너에게 부칠쏘냐
저 건너 득량만을 눈 아래 굽어보니
고향에 남긴 옛정 이제금 살아나네

중앙리
갱생원 한 복판에 큰 주초 세웠으니
여기를 이름 지어 중앙리 마을이라
뫼 깎어 이룬 공원 골골이 맺혀 있는
희망사 어른들의 핏자국 새로워라

신생리
만령당 만령당아 너 어이 말이 없나
무슨 한 그윽 담고 너 하나 남았느냐
짤짜란 인생이야 뉘라서 서운하리
죽어서 다시 살아 새로이 오라도록

동생리
달뜨는 가을밤에 새우는 봄날 아침
이 마음 잡지 못해 선창 가에 앉았으면
뱃사람 마음 없이 수심가 뽑아 주며
적대봉 허리에는 구름이 흐르더라

남생리
기름받은 등대야 별 보는 내 마음을
알리야 없지만은 다시금 비춰다오
비오고 구름 덮인 여름날 밤이 오면
별자리 가리우고 뉘 있어 같이 하리

서생리
나무야 썩었던들 기와에 이끼 없어
40년 옛 추억이 가슴에 담뿍 피네
뻐꾸기 우는 밤에 내 홀로 비석 안고
평생에 씻지 못할 넉마를 부려본다

구북리
십자봉 바라보니 한줄기 연깃발이
오르고 또 올라서 하늘까지 닿았더라
이 한 몸 없이하매 내 겨레 산다하면
반평생 여윈 뼈가 값있다 노래하리

오마도 ·7·

문둥이가
문둥이들이
배에 돌을 실어서
바다에 돌을 던져서
풍양 곶과 오마도를 이어
도양 곶을 둑 쌓아서
바다와
바닷물을 밀어낸
바다 330만평 해면이
육지 330만평의 5만석 옥토가 된
이 간척지는
이 나라 영토를
지도를 확장한 대붕의 뜻

문둥이가
땅에서 못살고 쫓겨난 한은
땅에서 살아보려는 원은
땅에서 살아보지 못한 땅을 만들어
나라 사랑의
마지막으로 바치는 영원한 보국이
살아서 마지막으로
학대된 이름을 씻어
사람 구실 하는
오 영광의 땅
햇빛 가득찬 오마의 땅이여
어둠에서 빛나는 햇빛이여

-한하운-

애한의 추모비 •8•

57년 동안 땅 속에 묻혀지고
소록도 사람들의 뇌리에서 사라져 가는
이 비극적인 학살 현장에서
84명의 거룩한 이름을 밝히며
역사의 흐름 앞에 싸웠노라
죽었노라, 그리나 이겼노라, 하는
이 기념비를 세워
전날의 과오를 반성케 하고
앞날에는 하나님이 주신
인간의 존엄성과 평등성을
최우선 과제로 삼기를 다짐하는
증표의 기념비가 될 것을 믿어 의심치 않으며

이제 이후로는 인간적인 차별이나
정치 관리적인 불이익이나
종교적 분쟁과 갈등으로 인한 인권 침해는
이 땅 위에서 영원히 사라지기를
소망하는 마음으로
84명의 추모 기념비를
우리들의 힘과 정성을 모아
여기에 이 추모비를 건립하게 되었노라

추모비 건립일 : 2002년 8월 22일

윤일심의
소록도 통신

✿요양의 하루하루

명상

 입추도 처서도 지나갔으나 넘어가는 햇빛은 불같이 뜨겁다. 하늘엔 구름 한 점 없고 대지엔 바람 한 점 없이 우주는 침묵 그것과 같이 고요한 어느 날 오후 뒷동산 그늘 나무 밑에 명상에 잠기어 있었다.

 병든 지 10여 년 고향에서 쫓긴 지도 벌써 7년, 세상만사 다 잊고서 예수나 믿어 천국에나 가보자고 세례를 받은 지도 6년이나 되었건만, 말 많고 병 많고 트집 많은 세상살이 천국으로 가는 길은 뒷걸음을 하였던가. 세상은 점점 무서워진다. "자라 이놈에 소!" 별안간 들리는 거세고 우악한 음성은 침묵과 명상을 깨친다. 어느 틈에

왔는지 발 밑의 밭에서는 김XX이 쟁기질을 시작했다. 3월 이래로 비 맛을 못 본 비탈 밭은 돌길이 단단한데 보습은 걸리어 먼지만 팔싹거리고 나가지 않는다.

인정 없는 주인은 벼락 같은 소리로 "에라이, 이놈의 소야." 소가 죽을 힘을 다하여 순종하려 애쓰지만 네 발목은 고랑 속에 깊이 묻히고 허벅다리의 근육은 발발 떨리며 붉어져 나온 두 눈에는 하소연이나 하려는 듯이 눈물이 고여 있고, 구부려진 등에선 밥솥을 열어 놓은 것 같이 김이 무럭무럭 나온다. 게다가 배는 사정없이 푹 꺼졌으니, 아, 불쌍한 소!

이 넓고 험한 밭을 너 어이 다 갈거냐! 목은 느릴 대로 느려 땅에 닿을 듯 닿을 듯 한 코, 혀를 내밀은 입에선 침이 질질 흐르고, 플랫홈에 들어오는 기관차를 연상케 하는 숨소리 어디서 물려 왔는지 쉬파리는 누런 등에 거멓도록 엉기었다.

인생아, 너는 어디까지나 악하려나. 반역자의 피는 지금 네 혈관을 흐르고 있고나. 너는 언제나 이스라엘의 근성을 빼어 버리고 애굽을 단념하려느냐. 내가 확실히 말하노니 보라! 저 소와 같이 못하면 결단코 천국에 오지 못하리라! 그런고로 네 십자가를 지고 나를 따르라. 그리스도의 자비하신 음성이 수고하고 무거운 짐 진 사람은 다 내게로 오라. 내가 너희를 편히 쉬게 하리라. 나는 마음이 온유하니 나의 멍에를 메고 나를 따르라. 곧 너희 마음은 편히 쉬기를 얻으리니 내 멍에는 쉽고 내 짐은 가벼웁다(마태복음 11장).

9월 2일(토)

또덕이

또덕이는 15세 소년 병우다. 짜브린을 연상케 하는 그의 걸음걸이, 나리 덮은 거적 눈, 입은 왼쪽으로 틀어지고 코는 바른쪽. 아! 왠일인가. 이 불출의 또덕이 전 섬의 인기를 독점하였다. '또덕이' 이 말은 바보 못난이 백치의 대명사로 소록도 유행어의 최고봉을 점령하였다. 철없는 악동과 일 없는 건달들의 훌륭한 장난감인 또덕이! 어떠한 조롱에도 반항하는 것을 본 사람이 없다. 저는 자기의 독특한 장난 댄스와 자작 작곡의 독창으로 남의 뱃살을 굽힌다. 백이면 백, 천이면 천, 안 웃는 사람을 못 보았다. 웃음의 왕자 또덕이는 남을 미워할 줄 모르고 시기할 줄도 모르며 원망할 줄도 모른다. 남이 놀리면 흥이 나서 놀고 때리고 못살게 굴면 그 자리를 떠날 뿐 고통도 근심도 물론 있어 보이지 않는다. 거루만한 신 [그나마 한쪽 발만 신었다] 궁둥이가 나온 찢어진 옷, 부끄러움조차 없는…….

아! 이 불출의 또덕이! 오, 너는 나의 동경의 남극! 수양의 목표! 그러나 때로는 토기의 북극이니 어찌하리오.

9월 11일(월)

반성

나는 한 뙈기 밭이다. 그도 가시덤불과 엉겅퀴만이 우거진 메마른 묵정밭(오래 내버려둬 거칠어진 밭). 가을 밤 소리 없이 내리는 이슬이 나의 밭에도 내렸고, 봄날 따뜻한 해님이 나의 밭에도 쪼였건만, 꽃도 열매도 맺어본 일 없고 아무 소용없는 세상이 버린 묵정밭. 아, 나의 밭, 이 밭의 농부는 나이다. 이 밭의 거름 줄 자도 나이요, 지심 맬(김 맬) 자도 나이다. 나 이외에 이 밭을 가꿀 자 없고, 나 밖에 이 밭을 귀중히 여길 자 없다. 버려둔 묵정밭에 씨 한 톨을 던진 지도 벌써 6년이 되었건만 느자구(싹수) 없이 노란싹 엉겅퀴에 시달려 잡초만 우거지니. 아, 게으른 농부야! 언제 이 밭에 풀 한 포기 뽑아주고 거름 한 줌 주었던가. 오, 지주님, 용서합소서. 게으른 농부 이제 확실히 깨었소이다. 그렇소이다. 나의 할 일은 이 밭을 가꾸는 것 외에 아무 것도 없는 줄 이제 겨우 알았소이다. 지금

나의 밭에 잡초를 다 뽑아 버리고 거름을 주겠사오니 은혜의 비 지금 흡족히 내리셔 백배 천배 결실케 하옵소서. 낫을 들고 거두실 날 멀지 않았사오매.

9월 29일(금)

십자봉

십자봉은 소록도 서편에 위치한 최고봉이다. 이번 봄에 자전거로 울산까지 여행했으나 연도에서는 이렇게 훌륭한 송림을 볼 수 없었다. 겨울이나 여름이나 사시창창 십자봉은 병려의 마음 안식의 성소이다. 해안으로 면한 절벽 중 허리엔 소위 교회 전성의 과도기 신도들의 기도막祈禱幕이 아직도 자취를 남기고 있다. 아, 상록의 십자봉은 갈수록 푸르것만 2주일, 3주일 식음을 전폐하고 밤새어 기도하는 성도여, 지금 어디 있는고. 자는가 쉬는가. 나들이를 갔는가, 다 쓰러져 가는 토막은 옛 꿈을 그리워하며 그대를 기다리는 줄 아는가 모르는가.

다도해 저녁 해는 유난히도 붉고 크다. 낙조의 서쪽 하늘에는 삼층천을 그렸이고 바다 속 깊이 조물주 쌓아두신 천고의 신비를 보여나 주려는 듯 한줄기 붉은 빛은 물속에 잠겨 금빛 파도에 뛰는 고기, 생명을 자랑한다.

예루살렘 내 복된 집 네 이름 높도다
이 수고 언제 끝인고 반가히 만날까
보옥寶玉으로 지은 천성문 늘 보고 싶으다
그 높은 탑과 황금길
나 언제 올라가 (구송 241)

흰 돛단배 몇 척이 가매기 동무 삼아 선경으로 날라간다. 아, 오늘의 십자봉 왜 이리 얕을고. 삼층천 닿는 뫼가 땅 위에 없을진대. 오 주여, 여기서 그곳까지 구름다리를 놓아 주소서. 불연不然이면 이 몸이 화석이 되어 상록의 십자봉에 불변의 망부석이 되게 하소서.

9월 7일(월) 오랜만에 십자봉에 올라와.

〈성서조선〉 제131호 (1939)

❀ 질병

백만의 대적을 두려워하지 않던 아력유대왕亞歷由大王도 질병이라는 일개 무형의 적에게는 인생의 무력함을 통한하였다 한다만은 가석可惜타(아깝도다)! 이는 동물적 육체에 부딪히는 질병의 쓰라림을 부르짖음에 가하지 않다. 과연 인생이란 영웅이나 필부의 차별 없이 질병이란 말만 들어도 사자와 같이 두려워 도망하려 몸부림치며 독사와 같이 꺼리어 전율하고 만다.

'우리에게 건강을 주소서!' 함은 만인의 절대 소망하는 바이며 '신체는 만사의 본本이다!'함은 질병의 쓰라린 체험에서 우러난 절규이었으나, 요컨대 이는 '너의 생명이 무엇이냐 너희는 잠깐 보이다가 없어질 안개니라'(약 4:14)한 성인 야고보의 말씀을 깨닫지 못하고 불과 70에 없어질 초로 인생의 장래임을 생각지 않고 잠깐 오는 행복과 향락만을 구하는 유물주의자들의 안타까운 소망이었으니, 만리장성을 하루 아침에 쌓고 영생 불사약을 구하려거든 진시황과 같은 사람이라 할 것이다.

건강을 소망함이 만인의 절망切望(간절히 원함)이요 질병을 기원忌願(꺼려함)함이 인간 공유의 심사이라 하겠으나, 필경은 인간 칠십 고래희人生七十古來稀라는 절대의 잠언과 인생을 안개에 비유한 바와 같은 유한상대의 동물적 생명의 범위 내에 국한됨이 아니었던가! 이렇고 보니 이 소망이 어찌 참된 행복을 구함이 되겠으며 이 기원忌願을 어찌 절대의 공포라 할 수 있으리오. 고로 욥과 같은 성자는 기와 조각으로 전신을 긁고도 오히려 부족하여 잿속에 들어 앉아서도 찬미하였다 하며, 전신에 상처가 있어 신음하며 부자가 떨어뜨린 부스러기로 배를 채우던 나사로는 죽으매 천사가 받들어 아브라함의 품에 두었다 한다(눅 16:20 참조). 약백기約百記를 일종의 신화로 인정하는 소위 식자들이나 성경을 부인하는 어리석은 사람이 있다면 나는 저들에게 이와 같이 부르짖고 싶다.

욥의 사적을 부인하고 나사로의 최후를 의아해하는 자들이여, 눈이 있으면 와서 보라. 세상을 등진 저주의 생지옥에서 [저들의 말에 의하면] 최후를 마치는 나의 형제들을! 몸은 비록 인생 최대의 고민기에 죽음에 처하였으나 그 얼굴에는 환희가 충만하니 나사로의 최후를 여실히 그려내지 않는가!

귀 있으면 와서 들으라. 단말마의 부르짖음이 아니라 오히려 찬미, 오히려 기도하는 그 기쁨으로 새 나라로 길 떠나는 이 광경을! 질병 이것이 무슨 공포가 되며 이것이 무슨 힘을 가졌는가. 힘이 있다면 그것은 필경 없어질 육의 생명을 단축시킬 뿐이요, 썩어질 육체를 좀 먹을 뿐이다. 그러므로 질병 그것의 힘은 우리의 신앙에는 하등의 힘이 못 된다. 욥과 같은 신화적 성자가 아니라 가장 천

박하고 가장 불행한 질병의 사람, 문둥이에게도 영생의 기쁨 있는가 없는가 와서 보라.

건강한 육체를 가지고도 조그마한 질병에 못 이겨 한숨과 눈물 짓는 자가 있으면 이제 절대 마병魔病과 싸우는 우리의 입에서 나가는 말을 귀 기울여 들어보소서. 박학능필博學能筆로서 호화로운 자리에 앉아 발하는 지상미문紙上美文이 아니라 문제인 질병의 그늘 속에서 부르짖는 쓰라린 체험에서 우러나오는 간증이다.

당신의 고민이 머지 않아 끝날 것이오. 건강을 숙망하는 형제들이여, 당신의 소망인 건강이란 무한절대가 아니라 유한적 생명인 육에 속하였음을 경성警醒하사이다.

"썩어질 양식을 위하여 일하지 말고 영생토록 있을 양식을 위하여야 할지어다"(요 6:27) 하신 말씀은 과연 무엇을 의미하였던가. 썩어질 육신을 위하여 전전불식轉轉不息하는 인생에게 대한 대경고가 아니었던가. 고로 다시 한번 경성하사이다. 썩어질 양식을 위하여! 안개와 같이 사라질 육체를 위하여 연연하지 말고 영생토록 있을 양식을 위하여 일합시다. 아니라 우리의 눈 앞에 가로막혀 있는 영원한 고통이요, 절대무한적 사망의 관문이 되는 마음[심령]의 질병을 보시오. 이야말로 절대무한적 사망의 전정前程(앞 길)이요, 권세이니 여기에 건강을 보지保持하는 자 이는 영원한 승리자가 될 것이요. 이 지병에 걸리는 자 그야말로 끝없는 고통에 헤매일 것이며 영원한 사망에 이를 것이다. 그러면 심령의 질병이란 과연 무엇인가?

 동물적 생명을 끊어 사망에 이르기까지 육체를 좀먹음을 육체의 질병이라 할진대, 영혼을 사망시켜 유황 불구덩이에 거꾸러뜨리는 것을 영혼의 질병이라 할까 한다. 대체 병소病素(병의 원인)란 [영, 육의] 외부에 있는 것이 아니라 내부에 있는 것이니 육체의 병소는 체내에 기생하고 영의 병소는 마음에 기생한다. 이 마음에 기생하는 병소란 곧 사단이라 하는 것이니 사람의 마음 속에 잠재하여 자기의 마력을 발휘하려 한다. 이것을 곧 심령의 질병이라 할 것이다. 고로 우리는 마음 속에 기생하는 사단의 [신자에게는 본능, 혹은 시험이라 할까] 세력을 억제하기에 전력하여야 할 것이다. 질병, 과연 무섭다! 육체의 병, 아닌게 아니라 무섭다!

 심령의 질병. 아! 이야말로 무한의 고민과 공포요, 절대적 사망의 관문이다. 만일 동물적 생명이 끊어질 그날까지 이 무서운 심령의 질병을 치료치 못하면 머지 않아 절대무한의 유황 불구덩이에서 영원토록 신음할 것이다(계 20:15).

고로 우리는 먼저 심령의 건강자가 되어야 할 것이다.

예수 친히 말씀하시기를 '성한 사람은 의원이 쓸데 없고 병든 사람이라야 쓰나니 내가 의인을 부르러 온 것이 아니라 죄인을 부르러 왔노라' 하였으니 이제 죄인을 부르러 오신 예수 그리스도 앞에 나갑시다. 먼저 마음에 기생충을 억제함으로 의롭다 하심을 입어(롬 5:1상반, 9상반, 16하반, 18하반) 아버지의 성전에 굳게 서서 영의 건강을 획득하여 당당의연하게 새예루살렘 향하여 매진합시다. 이 건강이야말로 무한절대의 행복이요 개인 개인의 환경과 입장 그대로에서 얻을 수 있는 인간 특유의 최고 특권이요, 지상의 축복이다. 원컨대 영원한 이 화지禍祉! 최고의 이 특권! 우리의 것을 맞기에 이 몸을 아끼지 맙시다. "그런고로 우리가 겁내지 아니하니 이 겉 사람은 후패하나 속 사람은 날로 새롭도다 대개 우리의 잠시 받은 환난의 경한 것이 우리를 위하여 지극히 크고 영원한 영화의 중한 것을 이루게 함이니 우리가 보이는 것은 돌아보지 않고 보이지 않는 것을 돌아봄은 보이는 것은 잠깐이요 보이지 않는 것은 영원함이라"(고후 4:16-18)함은 사도 바울의 말씀이니 우리도 보이는 것, 즉 안개와 같이 살아질 육체에만 연연치 말고 몸은 비록 질병의 포로가 되어

오척 병상을 자기의 천하로서 신음할지언정 심령만은 날로 새로워 광명과 환희가 충만한 저 새 나라를 동경, 아니 거기에서 웅비할 것을 믿고 기뻐합시다. 보십시오. 저 새하얀 구름 저편에 빛나는 보좌에 앉아 계신 주님이 우리를 오라고 소리쳐 부르시나이다.

오 질병아. 오려거든 오라!
쓰라린 고통아, 너 오려거든 오라.
이 몸은 썩고 썩어 저주의 권화가 될지언정
주님의 손짓 따라 달음질하련다.

주필 선생님, 이것은 지난 가을에 수일간 심한 고통 중에서 얻은 소감이었나이다. 써 놓은 지는 벌써 수개월이 되오나 정월 호에 통신을 읽고 느끼는 바 있어 부족함을 생각지 않고 동봉하나이다. '느낀 그대로에 원한이 가득 찬 눈물겨운 원정을 호소'함이 아니오라 신앙의 기쁨에서 맛본 소감입니다. 질병의 쓰라린 고민에서 얻은 구원의 소리였나이다. 고로 어떠한 사람 앞에서도 오히려 부끄러워하지 아니하나이다.

1936. 1. 7 윤일심

〈성서조선〉 제88호 (1936년 5월)

나맹인구락부 癩盲人俱樂部

 일언으로 나인맹우구락부라 하면 세인은 동정을 지나 중오에 가까운 느낌이 생길 것이나, 일반 사회인이 말하는 불행과 성경이 증명하는 불행과는 근본으로부터 그 성질이 크게 다르니 즉 육과 영, 이렇게 그 표준점이 다르다. 이렇고 보니 나맹인 반드시 불행이라 볼 수 없을 것이다. 조석으로 변하는 세인의 심리와 같이 섬나라 일기도 자주 변하니 비바람 요란한 여름날이나 눈보라 휘몰아치는 겨울날에도 맹우회의 멤버를 보라!

 보이지 않는 눈, 상한 다리에 피곤한 몸을 옮겨 일편단심으로 예배당에 향하는 광경을! 가다가 실족하여 넘어지면 그 자리에 쓰러진 채 기도하고 다시 가는 그 신앙이야말로 도처 '지성소'이다. 육은 불과 4척의 지팡이를, 영은 참 생명인 십자가를 의지하고 매진하는 이 믿음에는 옛날 모세를 연상케 된다. 모세가 지팡이 한 개를 의지하고 광야에 나간 것 같이 이네들도 지팡이 한 개면 어떠한 풍우에라도 능히 예비하신 성전까지 갈 것을 믿는 동시에, 구리 뱀을 쳐다본 자면 구원을 얻은 것처럼 십자가를 의지함으로 구원 얻을 것이 소망의 전부이니, 아침에 일찍이 예배당에 가면 점심도 굶고 저녁도 못 먹고 석

양 전도회까지 마쳐야 돌아가는 맹우를 보고도 부흥이 없다면 그는 곧 마귀의 자식이요, 다시 서지 못할 자이다.

사업에 실족할 때 그 자리에 엎드려 기도하고 다시 일어나 매진할 믿음, 환난의 비바람 핍박의 눈보라가 불어 닥칠 때 오히려 매진할 믿음, 향락과 행복에는 굶주리더라도 끝까지 주를 섬길 믿음이 있는가 없는가? 병든 몸에 하루 종일 굶는다면 생리적으로 비추어 생각하여 기동도 만족히 못할 것이라 추상할 것이나 왠일일까? 이네들의 입에서는 기도와 찬미가 끊일 사이 없으니 저 믿음에 이 은혜가 있는 것은 성경으로 비추어 추호도 모순이 없다. 찬송할지어다.

이네들은 모두 욥을 배웠으니(욥 1:28, 3:16) 환난, 질병, 불행, 다 문제 외이다. 하나님의 축복으로 건강을 지속하는 세상의 신자들이시여, 당신네들에게 이와 같은 준비가 되었습니까. 다시 말하면 욥을 배웠습니까. 운명이란 사람의 힘으로 좌우할 수 없는 위력이니 작일에 동방에 가장 부호였던(1:3하반) 욥은 금일에 무일푼의 빈자요(1:15-17), 오늘에 건전한 육체의 소유자이었던 몸이 내일 악창에 걸려 기와 조각으로 긁을 것을 사람으로서 누가 예측할 수 있으리오. 이와 같은 시험이 닥쳐올 때 참고 견딜 믿음이 준비되었는가.

세상에 가장 참담한 나맹우! 눈 어둡고 수족 잃고 전신의 신경은 끊어지는 듯한 자통刺痛. 아! 욥이여, 당신의 고통보다 더하였던가요? 그러나 이네들은 어떠한 역경에도 봄과 같이 찬미하기를 잊지 않으니, 여름이면 그늘을 찾아 겨울이면 다락에 모여 기도와 찬미와 사경으로 모든 고통을 이기고 나가거늘 하물며 건전한 육체의 소유자로서 이와 같은 찬미가 없다면 이야말로 참으로 불쌍한 생명일 것이다. 천국을 희망하는 자여! 고통과 환난이 올 때 있거든 저 남쪽 조그마한 섬 중에 혹은 오아시스를 찾아 혹은 다락에 모여 우렁차게 찬미하는 나맹우 구락부를 연상하고 길이 참고 싸우사이다.

나의 사랑하는 맹우여! 교회의 형제가 삼가 여쭙나니, 사도 베드로도 예수를 모른다고 저주까지 하였으며 (마 26:70-72) 욥과 같은 순종과 인내의 성자도 자기의 생일을 저주하지 않았는가(3:1). 동생의 편견일는지 모르겠으나 맹우회의 열성도 작년에 비하여 현저히 퇴보되었다. 오호라! 나의 경애하는 맹우여, 누구를 의지하고 누구를 배우는가? 교회에서 부흥회를 열기를 정심精心기도회를 열기를 소망하는가? 육안이 밝아지기를? 남과 같이 건강실에서 활동하기를 소망하는가? 나의 경애하는 맹우 제형이여, 귀 있으면 들으라! 하나님의 진실한 종 우리의 김선생이 울리는 경종을!

"소망이 많다 함은 진정한 소망이 없는 까닭이다!" 과연 우리의 소망은 단 하나뿐이 아니었던가. 열성이 없는 교회에서 자기를 버린 육체에서 찾는 소망이 우리의 신앙 발육에 얼마나 방해가 되었는가? 고요히 반성하고 분연히 일어서라! 그리고 다시 한번 우리의 소망을 찾아 집결하자! "내 딸의 얼굴"을 일견하고자 하는 심봉사의 소원과 같이 우리 주 예수의 자비하신 얼굴보기를! 삼백 석 공양미는 없어 못 바치더라도 다 썩어 냄새 나는 이 몸을 바치어 이 소망이 이루어지도록 매진하자.

1935년 10월 9일 성서조선 제81호의 '심봉사의 소원'을 읽고 윤일심

〈성서조선〉 제82호 (1935년 11월)

❋ 소록도 소식

[전략前略]

등화관제 등으로 일지사변(중일전쟁)의 여파가 없지 않

사오며 라디오 세트는 섬 중의 인기를 독점하고, 신문은 찢어지다시피 되니 참으로 가관입니다. 성경을 이렇게 다투어 읽는 시대가 언제나 올까 싶습니다. 그러나 이것이 소록도 소식은 아닙니다. 아마도 살풍경한 것만이 세상의 전경은 아닌 것 같습니다. 가정에서까지 쫓겨난 동한센인 천 여명이 이번 가을에 우리 식구 가운데 가입한다는 것이 어찌 우리만의 기쁨이 되오며 동정을 피몽被蒙하는 자만의 기쁨만 되겠습니까. 실로 하나님의 기뻐하시는 바이라고 생각합니다. 사랑은 무형이라 눈으로 볼 수 없다고 어떤 책에서 읽은 것 같습니다만 소생은 확실히 사랑을 이 육안으로 보고 있습니다.

건강치도 못한 자기 육체를 돌보지 않고 병사 개축에 땀과 먼지 가운데서도 기쁨으로 공사를 진행하고 있는 형제들을 수일 전에 북병사에 가서 볼 때도 이것이 사랑이로구나 아니할 수 없었습니다. 어느 점으로 보나 기생충을 자처하지 않을 수 없는 우리를 근 4천명 [이번 가을에 5천명] 포용한 소록도는 확실히 사랑의 실현이라고 아니할 수 없사오니 국은도 크려니와 사회의 동정에 감읍치 않을 수 없습니다.

하나님은 사랑이신지라 이 모든 것이 하나님으로부터

오는 사랑임을 믿사오매 가장 불쌍하고 천한 자, 세상이 다 돌보지 않던 자에게 특별히 한없이 퍼부어 주시는 주 예수의 크신 사랑을 이 천년 후 오늘날 확실히 눈으로 보는 것 같습니다. 한편으로 새 식구 천 여명 형제자매에게 신앙을 주입할 책임이 먼저 믿는 우리들의 사명이니 어깨가 무거움을 느낍니다만 주시는 이는 주님이시요, 기르시는 이도 성령이시오매 인간무력無力도 낙관을 할 수 있사오며 4대1 비례로 전도하여야 할 것을 기도하고 있습니다.

소록도는 지금 육으로 영으로 참 다사多事한 때입니다. 죄송하오나 위하여 기도하여 주십시오. 기왕 우리에게 병고를 주실 바엔 최악의 고질을 주신 것을 감사하지 않을 수 없습니다. 어리석은 인생은 자기의 몸이 편하고 좀 행복을 느낄 때에 하나님께 의지하는 마음이 없어지는 까닭입니다. 새로 올 형제 자매들도 이와 같은 의미로 보아 소록도로 온다는 것이 곧 하나님께로 온다는 것을 믿습니다. 잔뜩 곪은 상처는 건드리기만 해도 터집니다. 그네들의 벌써부터 그 무슨 위대한 힘을 찾고 있는 열은 마치 곪아 고름이 맺힌 상처와 같을 것이라고 자기의 과거를 비추어 절실히 느껴집니다. 미수용자를 위하여서도 기도하여 주시기를 바랍니다.

 전에 스토우 부인 저 《엉클 톰스 캐빈》이라는 책을 읽은 일이 있습니다만 오늘날 삼남지방(전라도, 경상도, 충청도)을 유랑하는 나병환자의 생활이야말로 해방 전 흑인 노예들의 생활보다 몇 배나 참혹합니다. 선생님, 무례함을 용서하여 주십시오. 지금도 이 편지 쓰는 중에 몇 장의 편지가 배달되었습니다. 그 중에 귀성자歸省者의 편지만은 안 읽을 수 없어서 쓰던 펜을 멈추고 읽었습니다. 이와 같은 행동은 우리는 귀성자의 사정을 몹시 염려하는 까닭입니다. 공연히 읽었습니다. 눈물과 의분에 마음이 산란해집니다. 그 문면文面의 한 토막을 여기에 적어 삼남지방을 유랑하는 우리의 형제자매인 하나님의 떳떳한 자녀의 권리를 가진 자들의 차마 말 못할 정경을, 우리를 늘 기억해 주시는 선생님에게나마 하소연하지 않고는 견딜 수 없습니다.

 "은혜의 섬을 떠난 소생은 이XX 누님의 짐을 부득이한 사정으로 자전거에 싣고 벌교까지 밀고 왔더니 [길에 자갈이 심해서 타지 못함] 발이 전부 부르터 한 걸음도 갈 수 없어 하루에 5리 혹은 10리씩 겨우 여수 근처까지

윤일심의 소록도 통신

와서 오랫동안 굶은 탓으로 그만 기진하여 넘어졌던 모양입니다. 찬이슬은 망연하나 일어날 수 없어 빈들에 홀로 앉아 오래 지나지 않아 죽기만 기다리고 있습니다." 운운.

 소록도를 떠날 때 약간 준비한 식물 외에는 돈이 있어도 밥 한 그릇 못 사 먹었답니다. 흐르는 시냇물도 동리 사람 보는데 마셨다가는 곤봉의 인사를 받는 신세가 세상에 있다면 그래도 곧이 듣지 않을 사람이 많을 것입니다. 소생도 역시 과거 4년 간에 이러한 토막토막의 애화哀話를 수 백 번 들었습니다만 일언으로 부정하였습니다. 이번에 실제로 체험하고 자기의 경솔을 고소하였습니다. 애양원을 방문하고 돌아오는 도중에서 하차 명령을 두 번이나 받아 역원과 경관과 한 시간 이상을 다툰 일도 있사오며 남에게 폐를 끼치지 않으려고 노숙하였습니다.
 [하략下略]

윤일심

⟨성서조선⟩ 제 106호 (1937년 11월)

소록도 교회의 역사

🌸 일본 총독부의 선택 -작은 사슴섬, 소록도 小鹿島-

전라남도 고흥군 고흥반도 남쪽에 어린 사슴 모양을 닮은 섬이 있다. 해안선을 따라 긴 갯벌이 펼쳐져 있고, 1년 내내 온화한 기후를 갖고 있는 섬, 바로 소록도이다. 섬 앞에 있는 거금도가 파도를 몰고 오는 바다를 막아 주어 큰 파도칠 일조차 별로 없다. 하지만, 100년 동안 역사의 거센 파도 속에 내던져진 작은 사슴섬 소록도는 우리가 몰랐던 이야기들을 그 뒤안길에 품고 있다.

1916년 조선총독부는 이곳 소록도에 자혜의원慈惠醫院을 세웠다. 다른 지역에 세워진 자혜의원들에 이어 19번째로 설립되었지만 그 목적은 다른 병원들과 매우 달랐다.

소록도 교회의 역사 • 99

바로 나환자, 즉 한센인을 수용하고 격리하여 치료하는 것을 목적으로 세웠기 때문이다. 한센병 환자를 치료하는 곳은 이미 다른 몇몇 곳에 있었다. 1909년 윌슨R.M. Wilson 선교사는 광주에, 1910년 매켄지W.J. Mackenzie 선교사는 부산에, 1913년 플래처A.G. Fletcher 선교사는 대구에 각각 요양소를 만들어 한센병 환자들을 치료하였다. 그런데 환자가 계속 늘어나 수용할 공간이 부족해지자 환자들은 요양소 부근에 움막을 짓고 생활할 수밖에 없었다.

'하늘의 벌天刑'이라 여겼던 사람들의 인식 때문에 이들을 격리하여 수용할 수 있는 공간의 필요성은 점점 더 커져만 갔다. 동시에 총독부는 효과적인 조선 통치와 민심을 끌어오기 위해서는 기독교 선교사들이 주축이 되어 이루어졌던 한센병 치료를 조선총독부가 위임해야 할 필요성을 느꼈다. 이러한 배경 속에서 1916년 2월 24일, 총독부는 소록도 기존 거주민들을 강제 이주시키고, 소록도 구북리에 자혜의원을 세웠다.

치료할 곳과 머물 곳이 생겼다고 주민들의 고통이 사라진 것은 아니었다. 초대원장이었던 아리카와토오루(蟻川亨)는 수용된 모든 주민들에게 일본식 생활방식을 강요하였다. 주민들은 일본식 속옷과 옷을 입고, 일본식 식기를 사용하며 다다미방에서 잠을 자야 했다. 저녁 8시 이후로는 통행이 금지되어 이웃집조차 갈 수 없었다. 또한 한 달에 한 번 생활지침인 '심득서心得書'를 암송해야 했다. 일본천황의 하늘 같은 은혜에만 감사하여야 할 뿐 다른 종교활동은 일체 금지되었다. 1910년대 후반으로 갈수록 빼앗긴 주권에 대한 반일감정이 점차 커지고, 종교단체를 중심으로 항일의식도 높아지고 있었다. 이에 따라 일본은 소록도 내에서의 어떠한 종교적 행위도 철저히 막았다. 이 탓에 소록도인들은 육신을 의탁할 곳을 얻어 주린 배는 채울 수 있었지만, 모든 신앙적 자유를 박탈당한 채 살아가야만 했다.

✽ 예배의 시작

"만세! 만세! 대한독립 만세!"

1919년 서울 한복판에서는 대한독립을 외치는 만세운동이 일어났다. 이 운동이 확대되어 전국적으로 번져나가자 총독부는 당황하였다. 1919년 만세운동을 전환점으로 일본의 통치방식에도 변화가 일어나 그간의 폭압적이고 강제적인 통치를 중단하고 '문화통치'를 시작하였다.

가장 큰 변화가 일어난 곳은 바로 소록도였다. 1921년 2대 원장으로 부임한 하나이젠키치(花井善吉)는 소록도 주민들에게 하나님이 보내 주신 인물과 같았다. 단순히 통치방식을 바꿔서 그런 것이 아니라 그가 보여준 사랑과 헌신이 가지고 온 변화 때문이었다. 하나이 원장은 그동안 강요되었던 일본식 생활방식을 모두 없앴다. 그리고 가족들과의 통신과 만남을 허락하였다. 또한 이들이 사회와 격리되어 있지만 스스로 무능함에 빠지지 않도록 한센인들 중 배운 사람을 뽑아 선생으로 교육하고 3년제 보통학교도 설립하였다.

하나이 원장은 소록도에서 평생 한센인들을 위로하고자 하였다. 그가 생각하기에 한센인들에게 정신적 위로가 될 수 있는 것은 바로 종교의 자유였다. 마침 전라남도 광주에서 전도하고 있던 타나카(田中眞三郎) 목사가 조선총독부로부터 기독교 포교를 허가받고 소록도로 들어가, 이틀 간의 집회를 가질 수 있었다. 이것이 소록도에서의 첫 예배였다. 하지만, 예배당이 없어 야외에서 예배를 드려야만 했고, 1923년 첫 세례식 역시 소록도의 백사장에서 이루어졌다. 하나이 원장은 일본 천조대신天照大神을 모서 놓은 곳을 철거하고 예배당으로 사용하도록 하였다. 그리고 1928년 소록도병원과 병사를 확장할 때 예배당도 함께 신축하도록 하였다.

일본은 한국을 지배하는 동안 숱하게 종교적 박해를 단행했지만 이곳 소록도의 기독교와 교회 역사는 하나이 원장이라는 한 일본인에 의해 시작되었다.

소록도에 있는 많은 한센인들은 하나이 원장을 존경하였다고 한다. 그가 스스로 한센인이 되려고 하였다거나, 한센병 여인과 사랑에 빠졌다고 하는 이야기가 훗날 사람들의 입을 통해서 전해질 정도였다. 하나이 원장이 1929년 소록도 관사에서 사망하자 사람들은 비통함에 잠겼고 이듬해인 1930년 하나이 원장을 기리는 '하나이 원장창덕비花井院長彰德碑'을 건립하였다. 현재 건물의 일부만으로 그 역사를 간직하고 있는 자혜의원 옆에, 하나이 원장 공덕비가 남아 있다.

✼고통의 확장공사, 사은갱생기간

자혜의원 설립 후 하나이 원장이 사망할 즈음, 주민은 100명에서 어느덧 800여 명 가까이 늘어났다. 하지만,

전국적으로 한센인이 증가하던 때라 수용공간은 턱없이 부족했다. 그래서 병원으로 들어가지 못한 한센인들은 서로 집단을 이루어 상조회를 만들어 생활하였다. 총독부는 이들을 효과적으로 수용하여 구휼과 동시에 사회질서를 바로잡고 있음을 보여주고자 했다. 이에 곧바로 '조선나예방협회'를 설립하여 민간기금을 강제로 모아 소록도 자혜의원을 계획하였다. 여기에는 세계 제일의 수용시설을 만들고자 하는 일본의 야심이 작용한 탓도 크다. 그러한 이유로 1933년 4대 원장으로 부임한 수호마사히데(周防正季)는 소록도 전체를 매수하여 확장공사를 적극 추진했다.

수호 원장은 소록도 확장공사를 위해 벽돌공장을 마련하여 병원, 병사 및 건물을 짓고 도로를 정비하였다. 3년에 걸친 1차 확장사업으로 3,700여명에 달하는 주민들을 수용할 수 있게 되자 다른 지역에 있는 한센인들도 옮겨왔다. 이들 중에는 일제의 단속에 의해 강제로 끌려온 한센인들도 많았다.

이처럼 사람들이 몰려들자 주민들 중에서도 분파가 생기고 갈등과 사고가 생겼다. 다른 한편으로는 섬에서 만난 사람들끼리 연애하고 부부가 되어 가정을 꾸리고자 하는 사람도 등장했다. 하지만, 이런 자연스러운 인간사들도 소록도에서는 모두 관리의 대상이며 억제와 강압에 의해 다루어졌다. 부부 동거를 허가해 주었지만 태어난 아이에게 가해질 유전이나 감염을 막고자, 단종수술(정관수술)을 받은 이들에게만 동거를 허용하였다. 형무소와 감금실을 만들어 소란을 피운 자들은 별도의 법적절차 없이 구금하거나 굶겼다. 감금실은 들어가면 살아나온 자가 거의 없다 할 정도로 무서운 곳이었다.

그들 손으로 만든 소록도는 점차 두려움의 공간이 되어갔다. 반대로 당국으로서는 소록도만큼 적당한 노동력 제공처가 없었다. 한센인들은 자신들의 병원, 병사, 교회를 짓던 손으로 이제는 아무런 상관도 없는 등대를 만들고, 법당을 방불케 하는 종루를 세우고 만령당이라 불린 납골탑을 만들었다. 간혹 노동 중 사망하게 되어도 편히 땅에 묻히지 못했다. 사인死因을 밝힌다는 명분으로 해부를 당한 뒤에야 비로소 화장되어 장례식을 치를 수 있었다. 그래서 병으로 죽고, 해부 당해서 죽고, 화장되어 죽는다는 이른바 '소록도 사람들은 세 번 죽는다'는 말이 나오게 되었다. 당시 국가 노역에 동참한 이들에게 돌아간 것은 아무것도 없었다. 적은 노임이라도 받으면 다행이었다. 당국은 '사은갱생기간'이라는 명분을 내세워, 소위 자발적 노동 참여를 유도해, 단 한 푼의 임금도 지급하지 않았기 때문이었다.

2차 확장공사, 3차 확장공사 때마다 도로가 생기고, 새로 닦은 도로 옆으로 운치 있는 나무숲이 생기고, 심지어 아무런 경험도 없는 한센인들에 의해 선착장이 만들어졌다. 확장공사 투입과는 별도로 각 구역별 할당된 벽돌을 만들어 광주, 여수, 목포, 고흥 등지로 공급해야만 했다. 한센인으로 치료받기 위해 들어왔건만, 이곳에 가면 치료받을 수 있다 하여 부모 자식 인연 끊긴 마음으로 들어왔건만, 강제 노역으로 고되고 병으로 불편한 몸에 쏟아지는 것은 학대와 무시와 채찍질뿐이었다.

지금도 소록도병원 옆에 남아 있는 빨간 벽돌 건물은 이때 구워진 벽돌로 세워진 것이다. 그 고통스러운 노역의 자취를 따라 소록도 깊숙이 들어가면 구북리에 십자봉이라는 곳이 있다. 소나무와 다른 나무들이 빽빽히 들어차 비교적 외진 곳이었던 이곳에서, 혹독한 노역과 탄압을 견디지 못한 사람들이 숨었다가 어선을 타고 도망가기도 했다. 혹여 순찰선이나 육지 사람들에게 발각이라도 되면 연장에 맞아 죽기도 했다. 살아 남은 자는 도

주를 방지하는 차원에서 발목을 끊는 등 공개처형을 당하기도 했다. 또한 이들의 도주를 원천적으로 방지하기 위해 엄동설한에 지게, 괭이, 삽만을 가지고 암석투성이인 십자봉 주변에 순찰로를 만들도록 강요했다. 모든 한센인들을 총 동원하여 20일만에 4km의 도로가 개설되었다. 이 과정에서 손가락, 발가락이 얼어 떨어져 나가면 이를 땅에다 묻고 오는 자도 있었다고 한다.

소록도 한센인들은 대부분 결핵으로 죽었다. 한센병은 일반적으로 폐렴에 약하여 독감이 걸리면 치명적이었다. 엄동설한의 고된 노역에 집단생활이었기 때문에 치료 공간이었던 소록도는 어느덧 죽음의 공간이 되어 가고 있었던 것이다.

❋신사참배, 수호참배

하나이 원장 당시 두 곳의 예배당이 허가되고 일본인 목사와 내부의 장로, 전도사들을 통해 신앙을 이어가던 소록도 사람들은, 육지의 기독교인들에게도 신앙적 감동을 주기도 했다. 김교신이 〈성서조선〉을 통해 매회 환자들의 글을 소개하기도 했는데, 글을 읽은 사람들이 성경,

찬송가, 성금을 보내는 등 소록도는 세상과 동떨어진 공간이었지만 신앙 안에서 다른 이들과 연결고리를 만들어 가고 있었다. 2차·3차 확장공사를 거치면서 구역별로 예배당을 새로이 짓기도 하였다. 새로운 한센인들이 섬으로 들어오면 사람들은 모여 노래를 불러 주었다.

오너라 동포야 괴로운 마음을
그대로 가져와서 무거운 짐 부려라
주는 편안함을 주시리로다

오너라 동포야 눈물을 씻고서
머리를 들어보라 은혜가 넘치는
자혜의 동산은 실로 우리의 복지

(후렴)
진실한 낙원을 찾는 사람들아
이제야 왔도다 우리의 신천지 같이 개척하세

1930년대 조선총독부가 종교와 교회를 탄압하기 시작하면서 소록도 주민들의 신앙생활 역시 힘겨운 길을 걷기 시작하였다. 황국신민화를 강조하며 매월 1일과 15일에 신사참배를 하도록 하였다. 기독교인 몇 명이 거부하자 심문과 구타, 그리고 감금이 이어졌다. 모진 구타 속에서 신사참배를 거부한 한 기독교인 정달수는 힘겹게 일본말로 말하였다

"코로시데 구다사이(죽여 주십시오)."

신사참배를 거부한 이들에게 예배가 허락될리 없었다. 주일이면 더욱 심한 노동에 참여시켰고, 예배당을 치료소나 가마니 공장으로 바꾸었다. 주민들은 신사참배를 용납할 수 없었다. 그러던 중 악질적인 수호 원장과 일부 친일적 간부들이 수호 원장 동상 건립을 추진하였다. 그들은 주민들에게 주는 보조금마저 떼어내었고, 주민들이 겨우 받는 노임조차 헌납하도록 하여 높이 9.6미터의 수호 원장 동상을 건립했다. 또한 매월 1일·15일은 신사참배, 매월 20일은 수호 원장의 보은에 감사하는 날로 정해 모든 소록도 사람들을 동상 앞에서 참배하도록 하였다. 게다가 매일 밤 점호 끝에는 '황국신민서사'를 합동으로 암송하게 하여 외우지 못하면 모두가 외울 때까지 잠을 재우지도 않았다.

수호 원장 동상 앞의 참배는 한 소록도 원생의 수호 원장 살해사건으로 끝날 수 있었다. 하지만, 종교 탄압은

더욱 심해졌고 신사참배 역시 더욱 강요되었다.

"신사참배는 우상숭배가 되고 십계명을 범하는 것이니 할 수 없다. 궁성을 향한 동방요배, 일장기에 대한 경례도 그렇다. 주일에 일하는 것은 거룩한 성일을 범하는 것으로 역시 십계명에 저촉되니 어떠한 노동도 할 수 없다."

기독교인들은 항거하였다. 신앙을 지키기 위해 치료를 포기하고 소록도를 떠나는 사람들도 있었다. 끝까지 저항하다가 감금실에 갇혀 순교한 이들도 나타났다. 그래서 한센인들은 이때의 소록도 생활을 이스라엘 백성의 애굽 노예생활로 비유하기도 했다.

✾학살과 다시 피어 오르는 희망

육지와의 통신 두절로 대한민국이 해방되었다는 소식은 3일이나 늦은 1945년 8월 18일에 소록도에 퍼졌다. 사람들은 신사를 불태우고 만세를 불렀다. 그리고 고난의 대명사였던 감금실과 형무소의 문을 열었다.

그런데 내부 관리자들은 비어 있는 원장자리를 놓고 주도권 싸움을 하였다. 혹여 소록도 사람들에게 섬의 모든 운영권을 넘기게 되지 않을까 전전긍긍하였다. 소록도 사람들은 조국이 광복된 마당에 일본인의 관리를 벗어나 자치제를 이룰 수 있다는 희망을 갖기 시작했다. 이에 스스로 위협을 느낀 직원들은 고흥군 치안대에 도움을 요청하였다. 한 차례 충돌이 있은 후 자치위원회와 직원대표들이 협상하기로 하고 모였는데, 이날 치안대는 모여든 마을 사람들에게 총부리를 겨누고 사살해 버렸다. 마을을 뒤져가며 숨은 사람들을 찾아내 대창으로 찌르고 총으로 쏘았다. 그리고 시체를 모아 아직 숨이 떨어지지 않은 사람들까지 모래 구덩이에 넣고 불을 질렀다. 곡물 조달을 위해 배를 타고 나갔다 들어온 이들까지도 바다 위에서 모두 죽였다. 부락 대표자 90명 중 6명만이 겨우 목숨을 건질 수 있었다. 이 사건은 불과 광복된 지 일주일 만에 일어난 참혹한 학살이었다.

얼마 후 모든 일본인들이 철수하고 소록도에도 안정이 찾아오는 듯 하였다. 첫 한국인 원장(김형태 원장)이 부임하였고 그는 소록도 사람들의 자치제가 이루어지도록 도와주었다. 갑자기 찾아온 자유에 사람들이 방황하고 무절제한 생활이 있었지만 내부에서 자체적으로 서로를 규합하여 청년동맹을 만들어 스스로 삶을 개선해 나갔다.

안정이 되고 점차 삶에 대한 희망이 생기자 배움에 대한 열망도 높아갔다. 대부분의 한센인들이 어린 나이에 발병하여 이곳에 오기 때문에 배움의 기회조차 갖지 못한 경우가 많았다. 이곳에서 태어난 아이들 역시 마찬가지였다. 녹산중학교가 생기고 아이들이 학교정복에 모자를 쓰고 활보하고 다녔다. 이제 소록도는 강제노역과 탄압에서 벗어나 아이들이 자라는 곳이 되었다. 뿐만 아니라 학식에 재주가 있는 몇몇 사람들은 특별히 한센병에 대하여 배운 뒤 의료조무원으로 양성되었다. 소록도에는 어느덧 희망의 노래가 쓰여지고 있었던 것이다.

✿ 6·25와 김정복 목사의 순교

이렇게 광복 후 소록도에 다시금 신앙의 자유가 피어올랐다. 그동안 숨어서 핍박을 받으며 예배를 드렸던 모든 시절이 지나가고 교회 재건을 위해 사람들이 다시 모였다. 애양원의 손양원 목사가 김정복 목사를 모시고 함께 소록도에서 열흘 간의 부흥 사경회를 연 이후, 사람들은 김정복 목사를 소록도 교회의 담임으로 모시고 예배를 드렸다. 다른 한센인 요양소가 그러하였듯이 소록도 주민들 대부분이 기독교인이었다. 교회는 더 빠르게 발전하여 어느덧 일곱 곳으로 늘어나게 되었다. 이러한 분위기로 보아서 자치제의 허용, 교육기관 신설, 예배의 자유가 계속될 것만 같았다.

그런데 1950년 6월25일 전쟁이 발발하였다. 소록도는 전쟁 그 이전부터 전쟁터와 같은 살얼음 위에 놓여져 있었다. 소록도 인근의 여수와 순천에서 1948년 일어난 좌익과 우익 세력의 충돌로 소록도에서도 피바람이 언제 불어 닥칠지 알 수 없었기 때문이다. 이에 소록도 주민 대부분이 기독교인임을 감안, 일차적으로 기독교 임원들을 일괄사퇴시켜 혹시 생길지 모르는 좌익세력과의 충돌을 최대한 막아보고자 노력하였다. 그러던 때에 6·25가 발발한 것이었다.

북한 인민군이 소록도에 들어와 좌익 관리자들을 배치하기 시작하면서 소록도는 역사의 소용돌이 속으로 또다시 휘말려 들어갔다. 인민위원회가 조직되자 모든 교회의 예배는 중단되었다. 예배당은 공회당으로 바뀌어 김일성 사진을 달아 놓고 한센인들을 소집하여 인민군가를 부르도록 하였다. 신사참배에서 힘겹게 벗어나자 소록도 기독교인들은 또 다른 참배를 강요당해야 했던 것이다. 물론 소록도를 빠져나갈 계획을 하지 않은 것도 아니었다. 그렇지만 6,000명에 달하는 사람들을 모두 내보내기도 어렵거니와 이들을 받아 주는 곳 또한 없었다.

69세 노령의 김정복 목사 또한 모두의 피난 권유에도 "하나님이 내게 맡겨 주신 연약한 양떼를 버리고 어디를 가겠는가."라고 말하며 끝까지 소록도 밖으로 벗어나지 않았다. 대신 늘 하던 대로 금식하며 기도할 따름이었다. 좌익 지도부들과 원생들에게 김정복 목사는 기독교 세력을 대표하는 눈엣가시와 같은 존재였다. 이들은 어느 날 김 목사가 기도하고 있는 바위 동굴에 들이닥쳐 무작정 그를 끌어냈다.

"사랑하는 소록도 성도여, 신앙절개 굳게 지켜 천국에서 다시 만나자. 하나님이 위로해 주실 것이니 안심하라."

그는 주민들을 위로하며 고흥에 위치한 정치보위부로 끌려갔다. 그를 비롯하여 몇몇 기독교인과 직원들도 끌려갔다. 김 목사가 끌려간 뒤 누군가는 곧 인민재판이 열릴 것이라고 하고, 누군가는 머지않아 인천상륙작전이 시작되어 인민군이 후퇴할 것이라고 하였다.

9월 28일 서울이 수복되고 인민재판이 채 열리기 전, 소문처럼 인민군들이 후퇴하기 시작하였다. 후퇴하던 인민군들은 감금시켰던 이들을 풀어 주는 듯 뒷산으로 데려갔다. 그리고는 사람들을 향해 무차별로 총을 쏘았다. 김정복 목사 역시 이들에 의해 총살을 당했다. 또한 그때 애양원의 손양원 목사도 함께 순교하였다.

✸뿌리 내린 신앙

해방과 전쟁을 겪으면서 소록도 사람들의 생활은 궁핍해져만 갔다. 전쟁 등으로 주민들 수는 줄었으나 5,500여 명이 생활하기에는 전쟁과 물가 급등이라는 현실은 매섭기만 하였다. 육신의 고통도 힘겨운데 내일 일 조차 장담할 수 없는 사회 분위기 속에서 사람들은 오직 종교를 통해 위안을 받을 수 있었다. 종교를 갖고 있는 사람이 4,000여 명이었으며 그 중 3,700명이 기독교인이었다. 사람들은 다시금 힘든 현실을 이겨낼 준비를 하였다. 집 안팎을 정리하고 병원을 보수하고, 전쟁통에 태어나 제대로 교육받지 못한 아이들을 위해 초등교육 과정을 만들었다. 자치적으로 질서가 만들어져 가고 있었다.

하지만, 계속되는 식량배급의 감축, 자원비축을 위한

강제노역, 인민군 협조자들의 등용문제 등이 불거지기 시작했다. 이로 인하여 주민들 간에 원망과 분란이 적지 않게 일어나곤 했다. 그러던 중, 한센균 체취를 위해 가슴에 침을 꽂고 골수를 뽑는 '흉골골수천자'에 대해 강력히 중지를 요청하면서, 이 일로 인해 김상태 원장의 사퇴운동이 벌어졌다. 주민들은 육지의 신문사에 소록도에서 일어나는 일련의 비상식적 행태들을 고발하고 당국에 알렸다. 그러나 결국 원장은 무혐의 처리로 끝나고 말았다.

이에 주민들은 원장을 불신임하였다. 하지만, 더 큰 갈등은 기독교인들과 천주교인들 간의 불화였다. 기독교인들은 소록도 내의 반인권적 행태에 관해 천주교인들이 방임적 태도를 취하고 있다면서 불만을 품고 대립하였던 것이다. 소수의 천주교인들은 이러한 분위기에 위협을 느껴 고흥경찰서에 신변 요청을 하게 되었고, 사건의 실제보다 더 크게 부풀려진 소문 등으로 경찰기동대까지 출동해 강제진압을 하게 되었다. 이는 일제 강점기의 일본인과 소록도인 사이의 갈등만큼 큰 대립은 아니었지만, 개신교와 천주교 사이에 긴장과 갈등의 골을 패이게 한 아픈 사건이었다.

지금도 소록도인 대부분은 개신교인이다. 소록도 역사 속에서 탄압과 갈등, 박해를 견디며 개신교가 성장해 왔다고 해도 과언이 아닐 것이다. 누군가는 갈등과 박해의 역사가 없었다면 지금의 소록도 개신교가 뿌리 깊게 남아 있지 않았을 것이라고 이야기 한다. 소록도의 기독교 신앙은 교육으로까지 이어졌다. 소록도 교인들은 1957년, 소록도 땅에 '성실성경고등학교'를 설립하여 기독교 지도자를 양성했다. 1983년까지 총 151명의 졸업생을 배출하였고, 졸업생들 중 어떤 이들은 여수의 한성신학교, 부산의 영광신학교로 진학하여 목회활동을 하였다.

5·16 군사혁명과 예배당 건축

소록도는 언제나 한국 근·현대사와 함께 움직였다. 1961년 5·16이 일어나자 소록도에도 혁명의 바람이 불어왔다. 14대 원장으로 군의관이었던 36세의 젊은 인물이 소록도로 부임하였다. 그가 조창원 원장이다. 그는 사람들에게 말하였다.

"나병은 낫는다. 그러니 일반 사회인 앞에서도 위축되지 말 것이며 떳떳하고 대등하게 대하라. 직원들은 관료

의식을 버리고 한센인들에게 봉사하라. 그리고 모두 힘을 모아 섬을 다시 건설하자."

그는 병사를 재배치하는 한편 교회에 대해서도 개혁을 단행하였다. 혁명사업과 일차적인 한센인 치료에 걸림돌이 될 것이라 생각했기 때문이다. 그래서 교회를 다른 용도로 사용하도록 하고 중앙공회당 건물만 연합 예배당으로 사용하도록 하였다. 이름과 방법은 달랐지만 기독교인이 당하는 어려움은 시대를 따라 지속적으로 일어났다. 교회에 바치는 헌금 및 헌미도 모두 비판과 금지의 대상의 되었다. 종각은 철거되었고 목사의 병사지대 출입조차 모두 금지되었다. 교인들이 지은 성실성경고등학교는 YMCA회관으로 바뀌어 조무원 양성소의 역할을 하였다. 반기를 드는 사람은 가차 없이 추방당했다. 원장이 바뀜에 따라 누군가는 영혼의 위로를 받으라 종교정책을 장려하고, 누군가는 모든 종교를 탄압하니 소록도에 있다는 이유만으로 신앙조차 자기 마음대로 할 수 없는 처지에 사람들은 눈물을 흘렸다.

천주교는 성당을 신축하면서 소록도 내에서 적극적인 활동을 할 수 있도록 미감아동 보육소 운영을 맡았다. 천주교단의 지원으로 만들어진 성당에 대해서는 소록도 관계자들도 간섭할 수 없었다. 반면 소록도 확장공사 때 지어진 예배당은 치료 목적 건물이었다는 이유로 회수당하게 되었다. 노천예배를 드려야 하고 그나마 예배드릴 수 있는 연합 예배당까지는 몸이 불편한 한센인이 가기에 너무 멀고 힘들었다. 이 시기에 막 부임한 김두영 목사는 소록도 사람들을 위한 그들만의 예배당 건축의 시급함을 느꼈다.

김두영 목사는 먼저 한센인들을 모아 축산조합을 창립하여 생산물의 판매를 도와주었다. 이는 나라에서 배급된 쌀 등으로 헌금하는 것이 금지되자 자체적으로 생산한 것을 판매하여 그것으로 헌금을 마련하도록 돕기 위한 것이었다. 김두영 목사의 축산장려정책은 이후 1969년 '녹산리농업협동조합'의 결성으로 이어지게 되었다.

김 목사는 당국으로부터 여섯 곳의 예배당 신축을 허가받았다. 하지만, 모금된 건축기금은 7만원 뿐이었다. 거기다 당시 오마도 간척공사에 노동 가능한 사람들이 모두 동원되어 건축에 참여할 사람조차 충분치 않았다. 결국 노약자와 거동이 불편한 사람들이 힘겹게 나와 손가락 없는 팔에 끈으로 도구를 동여매고 흙을 파며 일을 했다. 눈이 보이지 않는 자는 다른 이가 이끄는 대로 리

어카를 끌며 돌을 날랐다.

  1963년은 소록도 교회사에서 기적의 해라고 불려졌다. 10개월의 대 역사로 신생리에 신성교회, 구북리에 북성교회, 서생리에 서성교회, 남생리에 남성교회, 동생리에 동성교회, 장안리에 장성교회가 새로 지어졌다. 여기에 힘을 얻은 사람들은 중앙리에 소록도병원 소유의 예배당을 대신할 연합 예배당까지 지었다. 여전도 회원들은 머리칼을 팔아 건축에 보태었다. 이렇게 더 이상 아무에게도 빼앗기지 않고 예배드릴 수 있는 일곱 교회가 소록도 사람들의 손으로 지어졌다.

천우열, 소록도연합교회 전도사

에필로그

✤새벽을 깨우는 소록도의 기도

　한센병이란 병을 가진 사람들 중에서도 가장 약한 노동력을 갖고 있는 사람들을 통해 일곱 교회가 세워졌다. 현재 남아 있는 소록도 주민은 약 640명 정도이고 이들 중 대부분이 역시 기독교인이다. 지금은 다섯 교회에서만 예배가 이루어지고 있다.

　소록도 성도들이 신앙을 받아들이고 지켜온 이야기는 참으로 감동적이다. 소록도의 몇몇 장로는 처음 이곳에 올 때는 예수를 모르거나 다른 종교를 갖고 있던 분들이었다. 대부분의 교인들이 소록도에 들어올 때 무신론자 아니면 불교신자였다. 그런데 동네마다 어르신들이 소록도에 새로 들어온 사람들의 손을 잡고 교회로 이끌었다. 젊거나 어린 나이에 발병되어 세상과 단절하여 이 섬에 들어오게 되었으니 그 상실감과 삶에 대한 분노는 누구를 통해서도 위로를 받기 힘들었다. 그래서 인생 선배이자 믿음의 선배인 어르신들은 조용히 교회로 데리고 갔다.

어떤 사람은 병에 걸리자 자살하기 위해 이 섬으로 들어왔고, 어떤 사람은 자신의 병 때문에 다른 가족이 피해받지 않도록 죽은 걸로 하고 들어왔다. 그런데 그들은 이곳에서 하나님을 믿고 불편한 몸으로 일하면서도 감사함을 외치는 교인들을 보았다. 그리고 그들처럼 다시 살 수 있는 힘을 얻었다. 마침내 각자의 모습으로 하나님께 예배를 드리고 소록도에서 헌신하는 삶을 깨우치고 배웠다.

2009년에 돌아가신 한 할아버지는 한센병으로 손가락을 모두 잃었다. 하지만, 손가락 없이 삐죽하게 나온 손목으로 일흔이 넘은 나이에도 예배 때마다 피아노를 연주하시며 찬송하였다. 돌아가시기 전에는 소변 주머니를 차고 피아노 앞에 앉아 찬송 반주를 하였다고 한다.

시력을 잃어 앞이 보이지 않는 교인들은 지팡이를 짚

고, 소록도와 교회에 어려움이 있을 때 가장 먼저 앞장서서 기도하였다. 일명 '작대기 부대'라고 불리던 이들은 많을 때에는 70-80명에 이르렀다. 앞이 안 보이기 때문에 성경을 읽을 수 없어 외우고 다니며 기도하였다. 그래서 이 분들이 갖고 있는 기도의 힘은 소록도와 교회를 지키는 가장 큰 힘이 되었다. '작대기 부대'가 기도하고 나서면 해결 안 되는 일이 없다고 할 정도로 직원들 사이에서도 유명한 기도 부대였다.

여전도회는 선교헌금을 모아 인도에 교회를 세울 수 있도록 지원하였다. 지금도 몇몇 교회에서 걷어지는 헌금이 크고 작게 선교를 위해 쓰여지고 있다. 오랫동안 여전도회 회장을 맡았던 한 분은 소록도에 관광객이 들어오면 직접 나서서 사람들에게 복음을 전하기도 하였다.

비단 특별한 몇몇 분들만의 이야기가 아니다. 소록도에는 한국의 새벽을 깨우는 기도가 지금까지 이어져 오고 있다. 모두가 잠들어 있는 새벽 4시, 소록도의 새벽 기도회는 시작된다. 이 기도에 참석하기 위해서 한 시간 전에 옷을 입고 집을 나와 교회로 발걸음을 옮긴다. 어떤 분들은 자정이 넘으면 교회에 와서 기도를 시작하기도 한다. 지팡이를 짚고, 전동차를 타고 교회 앞에 이르면 교회는 60년대에 지어진 그 건물 그대로 교인들을 맞이한다. 옛 건물이어서 문턱이 높아 휠체어조차 제대로 들어가지 못하기 때문에 교회 앞에 도착하면 다시 두 손을 짚고 엎드려 기어서 들어가 하나님 앞에 또 엎드려 기도한다.

교역자들을 비롯하여 이 곳의 모든 교인들은 기도의 파수꾼, 기도의 선봉대를 자청한다. 남들이 모두 잠들어 있는 시간, 심지어 다른 교회들이 새벽기도를 시작하기 한 시간 전에 먼저 일어나 나라와 민족을 위해, 한국 기독교를 위해 기도하는 것을 사명으로 여긴다. 평균 나이 70을 훌쩍 넘긴 노인들이 추운 새벽바람을 맞고 교회에 온다는 것은 쉽지 않은 일이다. 집에서 기도하시고 교회에는 날 밝으면 나오시라고 권유하면 이를 죽으라는 말과 동일하게 여기니, 살아 있기 때문에 기도하고, 기도하기 때문에 살아 있는 기도의 땅이라 할 수 있다.

오늘도 우리 교인들은 이 땅에서 가장 먼저 일어나 어둠을 물리치고 기도하기 위해 옷을 여민다.

❊누군가 감당해야 한다면……

 소록도에는 더 이상 새 생명이 태어나지 않는다. 이제 한센병이 발병하지 않아 주민의 수는 급감하였고, 완치된 사람들은 섬 밖으로 나가 각자의 자리에서 삶의 터전을 마련하였다. 60년대에도 지속되었던 단종수술 때문에 부부의 연을 맺었으나 자식을 낳지 못한 사람들이 있었기에 소록도에서 아이들의 웃음과 울음소리가 들리지 않은 지는 꽤 오래 되었다. 이제 심심치 않게 들리는 것은 장례 소식이다.

 소록도의 장례식은 매우 간단하다. 병원이나 집에서 돌아가시면 누군가 나서서 입관을 한다. 입관예배가 끝나면 작은 리어카에 실어 교회 뜰로 모시고 온다. 소록도 밖에서는 '발인'이라고 하지만, 이곳에서는 '환송'이라고 부른다. 이 땅에서 평생을 육신의 고통과 사회의 편견을 받고 세상과 격리되어 살다가, 이제 자유로이 천국으로 들어가니 기쁘게 보내 주어야 한다는 의미이다. 환송예배가 끝나면 병원 버스에 실어 섬 안에 마련되어 있는 화장터로 옮겨져 화장을 하면 짧은 장례절차는 모두 끝난다. 길어야 이틀, 짧으면 하루 만에 모든 절차가 끝나는 이 장례식에는 여느 곳에서나 볼 수 있는 영정사진조차 볼 수 없다. 육지의 형제자매를 위해 죽은 사람으로 살았기 때문에, 자식을 위해 죽음조차 알리지 못한 힘든 병이기 때문이었을까. 추억해 줄 사람이 없어서일까. 사진 한 장조차 남기지 않고 힘겨웠던 삶을 마감하는 것을 보면 죽음 뒤 맞이할 천국의 기쁨을 그 누가 알 수 있을까.

천우열 전도사는 소록도의 역사, 삶과 죽음에 대해 이렇게 이야기한다.

"건강한 사람의 몸에도 가장 약한 부분이 있고, 사람들이 모여 있는 집단도 연약한 부분이 꼭 있습니다. 하다못해 사람 몸도 배설물이 나가야 하는 곳이 꼭 있어야 합니다. 세상 이치가 이런 것이겠지요. 우리 민족, 우리 역사도 마찬가지입니다. 우리 한센인은 가장 힘들고 약하고 어려운 부분을 담당하고 있는 자들입니다. 누군가 감당해야 한다면 우리 한센인이 해야 하고, 그 은혜의 자리는 하나님께서 우리에게 특별히 허락하신 것입니다."

김운한, 소록도연합교회 전 부목사

소록도 방송일지

1. 소록도 육지길 열리다, 귀향
- KBS 제2TV 추적60분, 2007.10.3 (60분)
- 91년 만에 소록도와 육지를 잇는 소록대교가 놓여졌다. 소록대교 개통 직후 소록도의 여러 모습과 함께 한센병에 대하여 일반인들이 갖고 있는 네 가지 오해(유전성, 격리가 필요한 전염병, 치료 불가능, 종교적으로 부정한 병)를 다루고 있다.

2. 93년 동안의 고독, 소록도 72시간
- KBS 제1TV 다큐멘터리 3일, 2009.9.26 (60분)
- 소록대교 개통 후 사람들의 여러 모습을 72시간 동안 촬영하여 육체적 고통보다는 마음 병에 시달리는 주민들의 일상사와 여러 이야기를 그리고 있다.

3. 사슴섬 작은 천국 전남 고흥군 소록도 나병 환자들의 이야기
  - MBC 1996.12.25 (45분)
  - 오랫동안 격리된 생활과 일제의 만행을 겪어야 했던 한센인들의 이야기와 소록도지를 발간한 심전황씨를 소개하는 내용을 담고 있다

4. 소록도의 외침, 우리는 인간이 아니었다
  - MBC PD수첩 459회, 2001.7.4 (57분)
  - 단종대를 비롯한 일본과 한국정부의 필요 이상의 격리 수용정책을 되짚어 보았다. 단종대의 모습과 일본정부에 대한 배상 문제를 다루었다.

5. 아! 소록도, 1부/2부. 세상 끝에 선 사람들
  - MBC 2002.3.14 (90분)
  - MBC가 기획한 소록도 2부작. 1945년 일어난 84명의 학살 유해 발굴작업과 일제 강점기에 시행된 '나예방법'과 한센인 격리정책 등 일본에 의해 저질러진 인권유린의 문제를 다루었다.

6. 90년 만에 드러나는 소록도의 진실
   - KBS 제2TV 추적60분, 2004.11.10 (60분)
   - 2004년 10월 25일, 일제 강점기 '나환자예방법'에 따라 소록도에 강제 수용된 한센 병력자 111명과 한센병 환우들에 대하여 일본 도쿄에서 열린 재판 모습을 담았다. 전국 88개 정착촌의 한센인들의 생활터전과 한센병 연구소를 찾아 이 병에 대한 진실과 거짓을 담았다.

7. 천형天刑? - 한센병자들의 인권
   - MBC 시사매거진2580 506회, 2004.10.31 (13분 59초)
   - 한때 나병 혹은 문둥병이라 불린 천형, 이들이 당한 숱한 차별과 삶의 질곡을 담았다. 한센인 자녀들의 애환과 오마도 간척사업 사건 등의 인권문제를 그렸다.

8. 소록도의 한恨
   - MBC 시사매거진2580 554회, 2005.10.30 (12분 48초)
   - '몰라 3년, 알아 3년, 썩어 3년'이라고 불린 병. 일제 강점기 시대 한센인들이 받은 인권침해와 일본정부에 대한 배상 투쟁을 그렸다.

9. 한센인 피해자 보상 판결! 소록도는 지금
   - MBC 생방송 오늘 아침 41회, 2006.6.28 (9분 53초)
   - 일제 강점기에 강제노역에 시달린 한센인들에게 일본 정부가 보상을 결정한 내용을 다루었다. 2003년 소송을 제기한 117명 중에서 총 66명이 일인당 6,500만원씩 보상을 받게 된 후 소록도의 현실과 남은 과제를 담았다.

10. 유쾌한 소록도
    - MBC 다큐스페셜, 1998.9.20 (44분)
    - 소록도에서 수련의를 마치고 의사가 되어 간호사인 아내와 평생을 소록도 주민들에게 봉사하는 오동찬의 삶을 그렸다. 섬 곳곳에 서린 이야기와 소록도 역사에 남을 만한 사람들의 이야기를 담았다.

11. 소록도에 핀 사랑, 김용운
    - MBC 포토에세이 사람 62회, 2002.3.14. (8분)
    - 소록도 자원봉사자 김용운의 이야기. 그는 집집마다 고장 난 전자제품을 수리하며 꼼꼼하게 장 본 물건을 배달해 주기도 한다. 착한 사람의 눈에만 보인다던 흰 사슴을 보게 되는 흐뭇한 이야기도 담고 있다.

12. 소록도 그곳에서 희망을 보다

- MBC 특집다큐멘터리, 2004.12.3 (46분)
- 소록도의 일반 역사적 현장인 텅 빈 자혜의원과 중앙 공원에 있는 옛 벽돌공장터, 감금실 등을 소개하며 자원봉사자들의 봉사현장을 통하여 한센인들의 삶을 세밀하게 다루고 있다.

13. 소록도에 가고 싶다 I, II

- CGNTV 개국 특집 다큐, 2005.09.19-20. (1부-38분) (2부-50분)
- 섬 전체 인구의 85%가 그리스도인인 소록도. 소록도의 일상, 그리고 삶과 죽음… 천국의 소망을 안고 살아가는 소록도 주민들의 이야기를 통해 소망의 섬이요 사랑의 섬 소록도를 소개한다.

14. 백년가약 : 전남 고흥군 도양읍 소록도 미용실

- KBS 제1TV 6시 내 고향 3538회, 2006.5.8 (60분)
- 외부 사람들의 차가운 시선 때문에 한센인들이 소록도 안에 만든 미용실을 담았다. 일제 강점기에 지어진 건물이지만 주민들에게는 매우 편안한 장소이다.

15. 소록도의 아주 특별한 음악회
- KBS 2TV 감성다큐 미지수, 2010.5.8 (약 20분)
- 하모니카 연주로 지치고 고된 몸을 달래던 소록도에서 5월 5일! 울려퍼진 세계적 명성의 영국 필하모니 오케스트라와 작은 거인 조용필이 만들어낸 희망과 감동의 선율을 담아 공개한 방송이다.

소록도, 한센병, 자원봉사 안내

소록도 小鹿島

 전라남도 고흥군 도양읍에 딸린 섬으로 고흥반도 남쪽 끝의 녹동으로부터 약 500m 거리에 있다. 그 면적이 3.79㎢이며, 섬의 모양이 어린 사슴과 비슷하다고 하여 소록도小鹿島라 부른다. 한센인 격리 정책 이후 한센인과 직원들만 사는 곳이었으나 현재는 일반인의 출입이 가능하다

국립소록도병원

 한센인의 진료·요양·복지 및 자활 지원과 한센병에 관한 연구 업무를 위한 국가기관이다. 1916년 5월에 설립된 소록도자혜의원이 전신이며, 그후 중앙나요양소, 소록도갱생원으로 명칭이 변경되었다가 1960년 7월 1일 국립소록도병원으로 개편되었다. 현재 한센인의 생계지원과 재활지도, 음성치유자의 사회복귀를 위한 서비스를 제공하고 있다.

한센병 Hansen's disease

나균(M. leprae)이라는 세균에 의해 발생하는 만성 감염병으로 이 병의 바이러스를 발견한 노르웨이 의학자 한센(G.A. Hansen)의 이름이 병명이 되었다. 잠복기가 5년, 길면 20년까지 매우 길고 전염력은 낮기 때문에 치료받고 있거나 치유된 한센인을 통해서는 전염되지 않는다. 나균은 주로 피부와 말초신경을 침범하여 해당 신경의 감각마비와 함께 운동장애를 일으키며, 치료가 늦어지면 얼굴과 손, 발에 변형이 생길 수 있으나 적기에 치료하면 완치가 가능하다.

한센인

WHO에서는 전염력을 기준으로 하여 항나제 투약기간이 종결되어 전염성이 없어지면 한센병 환자 명단에서 제외된다. 우리나라는 양성반응이나 한센병의 증상이 존재하는 기간을 모두 한센병 환자로 정의하고, 이상 증상이 모두 정지되면 치유된 것으로 한다. 그 후에는 한센병력자로 국가에서 후유증에 대한 치료와 경제적 지원을 받는다. 따라서 완치된 후에도 기록상 한센인으로 분류될 수 있다.

문둥이

과거에 한센인을 일컬었던 말로 한센병을 문둥병 혹은 한자어인 나병癩病이라 불렀다. 한국에서는 1992년 세계나학회 서울총회에서 한국은 한센병이 종결되었음을 선언하였다. 현재는 한센인에 대한 인권과 인식의 개선을 필요로 하며 세계통용어인 '한센인'으로 호칭한다.

미감아 未感兒

한센인 사이에서 태어난 아이들을 지칭하는 말로 사전적 의미는 '아직 감염되지 아니한 아이'이다. 미감아라 불리는 아이들은 유전이나 감염 위험이 있다고 여겨 사회의 냉대와 차별을 받아야 했다.

자원봉사

국립소록도병원

개인: 대학생 이상으로 14일 이상 봉사. 숙소는 제공되며 봉사 가능한 날 1주일 전에 신청해야 한다.

단체봉사: 고등학생 이상으로 4박 5일 이상 봉사. 45명 이내로 신청해야 하며 2개월 전에 신청해야 한다.

자원봉사는 소록도병원과 교회를 통해 각각 신청할 수 있다.

1. 소록도 병원

   Tel : 061-840-0552, 0583

   Fax : 061-840-0693

   Home page : www.sorokdo.or.kr

2. 소록도 교회

   Tel : 061-844-0384

   Home page : www.sorokgod.com.ne.kr

간추린 참고 문헌

단행본

국립소록도병원, 《소록도 80년사》(국립소록도병원, 1996).
국립소록도병원 간호조무사회, 《사슴섬 간호일기, 1~9권》
　　　(국립소록도병원, 1993~2008).
김남식, 《풀은 마르고 꽃은 시드나》(대한예수교장로회총
　　　회, 2003).
김범석, 《천국의 하모니카》(휴먼앤북스, 2008).
남지심, 《솔바람 물결소리》(동아일보사, 1982).
대한나관리협회, 《한국나병사》(대한나관리협회, 1988).
문순태, 《성자의 지팡이》(다지리, 2001).
신정식, 《소록도 일기 i , ii , iii》(국립소록도병원, 1983).
심전황, 《아으, 70년》(동방, 1993).
이석행, 조성규 편저, 《 외딴섬 - 孤島》(고려출판사, 1986).
이청준, 《당신들의 천국》(문학과 지성사, 2000).
조창원, 《소록도, 눈물의 노래》(오늘의 문학사, 2005).
최하림, 《최하림 시전집》(문학과지성사, 2010).

한하운, 《보리피리》(문지사, 1991).

학술논문과 학위논문

양현진, "일제통치하 나병정책과 황민화 교육에 관한 연구", 부산외국어대학교 교육대학원 석사논문 (2007).
이영태, "소록도와 다도해 사람들: 소록도에는 환자가 아니라 주민들이 살아요", 〈민족21〉, 제100권 (2009), 72-79쪽.
정근식, "역비논단: 일제 말기 소록도 갱생원과 이춘상 사건", 〈역사비평〉, 제7권, (2005), 330-359쪽.
조상래 외, "국립소록도병원 나환자 및 미감아에 있어서 나균항원에 대한 항체 조사", 〈대한피부과학회지〉 제26권4호. (1988), 513-517쪽.
황현미, "47인선: 소록도", 〈문예운동〉, 제90권, (2006), 130쪽.

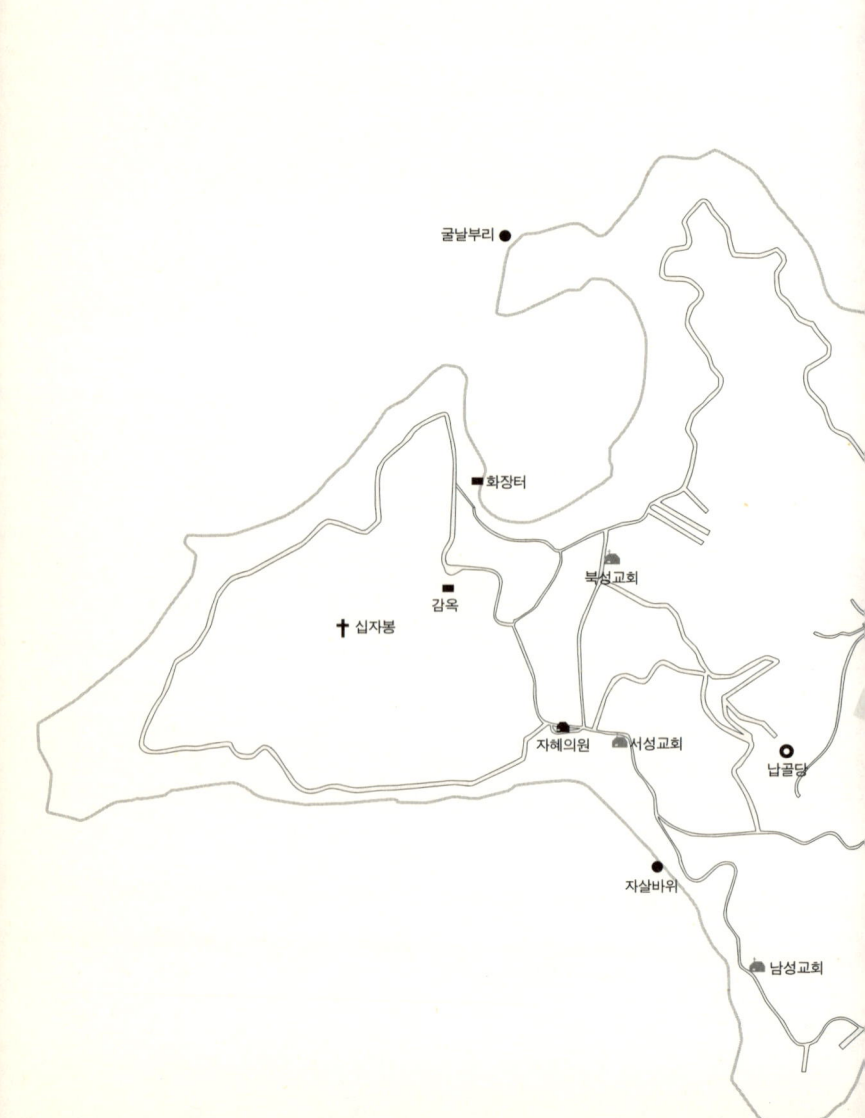

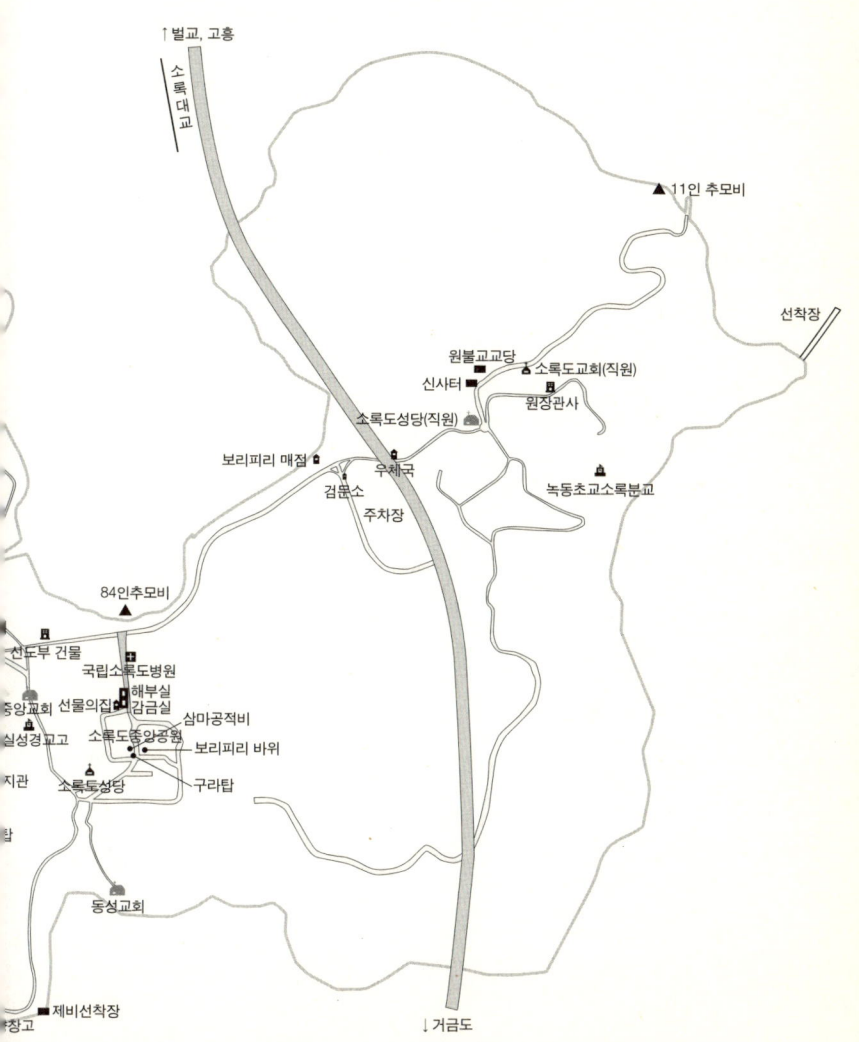

기독교 영성 선집

소록도

발행일 2011년 3월 20일 초판 발행
2011년 4월 20일 2쇄 발행
2012년 2월 5일 3쇄 발행
2012년 10월 5일 4쇄 발행
발행인 김재현
저자 소록도연합교회 · 한국고등신학연구원
편집 한희경, 이효원, 김경미
표지디자인 박송화
펴낸곳 한국고등신학연구원(KIATS)
등록번호 제 300-2004-211호
주소 서울시 종로구 명륜동 1가 101-1번지 4층
전화 02)766-2019
팩스 0505-116-2019
E-mail kiats2019@hotmail.com
ISBN 978-89-93447-34-7

* 본 출판물의 저작권은 한국고등신학연구원(KIATS)에 있습니다.
* 사전동의 없이 무단으로 복사 또는 전재하여 사용할 수 없습니다.